邱中虎 著

RESEARCH ON
NEW EXPERIENCE INDUSTRY ORGANIZATION
METHOD
BASED ON
DIGITAL SIMULATION

新经验产业组织方法研究

基于数字模拟

社会科学文献出版社
SOCIAL SCIENCES ACADEMIC PRESS (CHINA)

前　言

新经验产业组织作为一种对产业经验分析的工具，从20世纪70年代就开始发展，在实践中有着广泛的应用。而针对新经验产业组织方法的研究并不多见，因此本书将新经验产业组织方法作为研究对象，分析其产生根源、使用效果及特点。

新经验产业组织是在产业组织经验研究传统方法——SCP范式的基础上形成的，因此在对新经验产业组织方法进行研究之前，本书对SCP范式进行了简要介绍，并着重分析其在实际操作中所存在的缺陷。对于新经验产业组织方法根源的研究，从以下三个方面进行：理论基础、计量基础和社会背景。由于推测变分具有理论与计量的二位一体性，新经验产业组织方法的理论基础和计量基础都是推测变分。至于新经验产业组织的社会背景，则源于第二次世界大战之后世界经济的发展，日本、欧洲经济发展迅速，美国企业在国际贸易中的市场地位逐渐下降，为此，美国开始反思其以SCP范式为基础的反托拉斯司法体系是否过于严苛。国际贸易的深度和广度都得到了极大的拓展，SCP范式中忽视市场界定的做法的缺陷日益凸显，这就是新经验产业组织产生的社会背景。

对于新经验产业组织方法的实际效果分析，根据Corts的研究，可以采取两种方法进行：数字模拟和利用真实数据进行对比。[1]鉴于真实数据的稀缺性，本书用数字模拟对主要经验产业组织方法——结构模型方法、Hall简化形式方法和Panzar-Rosse方法——的实际效果进行分析，并得出了相关结论。

对于新经验产业组织方法在实际中的应用，从以下三个方面进行研究：市场界定、估计成本函数和估计需求函数。主要介绍在反托拉斯领域可采取的各种方法，并对其特点进行分析。

通过上述分析，得出如下建议：在理论上，应该多关注推测变分的发展。推测变分在处理较为简单的行为人间相互作用时，所得结果与博弈论大致相同，而在处理更为复杂的行为人间相互作用时较博弈论更为简便，正如Figuieres等所说，推测变分有复兴的迹象。[2]对于SCP范式，传统SCP范式尽管有各种各样的缺陷，但是正如Martin所言，后来的研究使用了不同方法得出了一致的结论，即支持结构—行为—绩效学派提出的那些假设。[3]如果将关注点放在SCP范式的预测功能上，那么SCP范式还是非常有效的。这也正是Sutton研究[4]的缺陷所在，尽管采用Sutton的方法可以避免SCP范式存在的一些问题：

---

① Corts Kenneth S., "Conduct Parameters and the Measurement of Market Power," *Journal of Econometrics*, 1999, Vol. 88.

② Figuieres C., "Complementarity, Substitutability and the Strategic Accumulation of Capital," *International Game Theory Review*, 2002, Vol. 4.

③ Martin K. Perry, "Oligopoly and Consistent Conjectural Variations," *The Bell Journal of Economics*, 1982, Vol. 13, No.1, Spring.

④ Sutton John, *Sunk Costs and Market Structure*, Cambridge, Mass: MIT Press, 1991; Sutton John, *Technology and Market Structure: Theory and History*, Cambridge and London: MIT Press, 1998.

缺乏理论基础、内生性等，但是 Sutton 的大多数研究将结果差异归结于历史因素等不受人为控制的因素，那么这种方法的预测性和实践意义无疑是非常有限的。新经验产业组织具有理论基础，但是在进行实证研究时，无疑需要更多的假设，如果这些假设不能满足，研究者必须清楚其可能会造成的后果，不能一味地生搬硬套。在反垄断领域，采用新经验产业组织为反垄断案件提供证据支撑的时候，一定要先明确界定市场，然后才能进一步对市场需求、厂商成本以及其他厂商行为进行研究，而统计部门所划分的市场界限与经济分析中的相关市场界限存在明显的差异，这在反垄断领域研究中应该引起重视。另外，新经验产业组织方法的使用需要基于具体市场情况，不同方法所得出的结果可能大相径庭，这就要求在采用新经验产业组织方法时，必须对相关行业的实际情况有充分了解，"对症下药"，才能取得所期望的效果。

Introduction

New Empirical Industrial Organization (NEIO), as a method in empirical analysis of industrial organization, originally developed from the 1970s, having been broadly used in practice. As there is relatively little research to the method itself, The Book chose it as the object of this doctoral dissertation, focusing on the origin and the effects of this method, and on the character of its practical use.

NEIO has been developed on the basis of the traditional empirical analysis approach of industrial organization—SCP paradigm, so prior to analysis to the NEIO, a brief introduction to the SCP is put first, which focused on the shortcoming of SCP in practical use. As the research to the origin of NEIO, it was divided into three aspects: theoretical and econometrical basis, and the social background it developed. Since the conjectural variation has both theoretical and econometrical property, it was thought that both theoretical and econometrical basis of NEIO was conjectural variation. As the social background, the booming development of Japan and the Europe made the U. S. firms at a disadvantage place in international competition, which rendered the reconsideration of antitrust jurisdiction that based on the SCP paradigm in the internal U.S. On the other hand, as the scope and the degree of international trade has boomed in the last half century, the drawback of SCP paradigm caused by overlooking market definition is more and more obvious. This is the social background of the NEIO.

According to Corts, the analysis of the actual effect of NEIO can be done in two ways: simulation or comparison using actual real data. As the scarcity of actual real data, it was done by simulation in this dissertation. In the analysis of actual effect of the three main approaches—structural model approach, Hall reduced model approach and the Panzar—Rosse approach, some conclusions are produced.

As the research on those approaches in practice, it war put from three aspects: the market definition, the estimation of cost function and demand function, focusing on introducing the use in antitrust field, after which is some analysis.

By the previous analysis, there is some suggestions: theoretically, we should pay more attention to the development of conjectural variation, as it has almost the same conclusions when used in analysis the relative simple interaction between agents and the relative briefness when used in analysis the complex interaction between agents when compared with the game theory. Just as Figuieres noted, there is some signal of renaissance of conjectural variation. As regards SCP paradigm, it indeed has various shortcomings, but as Martin says, the different approaches used in later research have a trend to approve those assumptions put forward by the SCP paradigm. If we focus on the predict ability, SCP paradigm is quite well. The predict ability is the drawback of the Sutton approach, although in his approach there is little endogeneity and never lack of theoretical basis. In most Sutton researches, the differences in performance are caused by something we cannot control, such as historical elements, which make his result less meaningful and less predictable. As regard the NEIO, which obviously has plenty theoretical basis, it needs many assumptions when used in empirical research. Researchers must know the consequence when those assumptions are not fulfilled and must not just apply mechanically. In the antitrust field, when using NEIO to get evidence for antitrust suits, the relevant economic market must be defined first, after which is the estimation of demand and cost function. As a huge divergence in the industrial classification and market definition in legal and economic field, it must be paid enough attention in this field. Furthermore, when choosing from the various approaches in NEIO, it must be done according to the physical truth, as the results using different approach may be widely divergent. So when using the NEIO approach, we must has sufficient understanding of the actual industries, suit the remedy to the case, only through this can we get the expected target.

目　录

图表索引

第1章 导论

1.1 选题背景

新经验产业组织（New Empirical Industrial Organization，NEIO）是从20世纪70年代开始发展起来的，区别于之前对产业组织的经验研究方法（SCP范式）。SCP范式是由Bain对美国20个制造行业横截面数据进行分析时所提出的研究行业结构与绩效之间关系的一种分析范式。[①]这种范式规定了经验产业组织的分析内容和分析框架——结构（Structure）—行为（Conduct）—绩效（Performance），对之后的产业组织理论和经验研究都产生了极大的影响，在20世纪七八十年代新产业组织蓬勃发展期间，以Tirole的研究[②]为标志，所构建的理论模型都是基于市场结构分析厂商行为进而探讨市场均衡——厂商利润和消费者福利问题。而在经验研究方面，这种分析范式也得到了广泛的认可，利用横截面数据分析行业的研究比比皆是。而在

[①] Bain Joe S., *Barriers to New Competition*, Cambridge, Mass: Harvard University Press, 1956.

[②] Tirole Jean, *The Theory of Industrial Organization*, the MIT Press, 1988.

实际政策方面，最大的影响莫过于各个国家反托拉斯法或反垄断法或竞争法中都规定，在对市场进行考察时，一个重要指标就是行业集中度，而如美国政府曾经提出最大八家厂商集中度（C8）、最大二十家厂商集中度（C20）、最大五十家厂商集中度（C50）。可以看出，SCP范式对理论研究、实际工作所产生的重要影响。

在产业组织理论方面，随着芝加哥学派、效率学说以及可竞争市场理论的兴起，人们对SCP范式的批评也越来越多，主要集中在SCP范式的以下几个方面。

（1）经济学意义上的价格—成本边际（绩效）可以直接由会计数据得出。①

（2）行业结构的横截面变化可以由为数不多的几个可测度量来刻画。②

（3）经验研究的目标应该是估计结构和绩效之间关系的简化形式。③

---

① 在利用会计数据描述绩效方面，还有很多批评，如学者认为，由会计数据得出利润率存在八大问题等。详见 Fisher Franklin M., McGowan John J., "On the Misuse of Accounting Rates of Return to Infer Monopoly Profits," *American Economic Review*, 1983, 70; Carlton D., Perloff J., *Modern Industrial Organization*, Pearson, Addison Wesley, Boston, 2005。

② 本质上其认为行业之间存在大量的同质性，这一点备受批评，这也是新经验产业组织主要被用于单个行业经验研究的原因所在。

③ 这源自SCP的核心假设，认为结构决定行为、行为决定绩效，但是在经验研究中，SCP研究者关注结构与绩效的因果关系（详见 Kaiser Harry M., Suzuki Kaiser Nobuhiro, *New Empirical Industrial Organization and the Food System*, Peter Land Publishing, Inc., New York, 2006）。尽管SCP理论强调结构与绩效的双向关系，但在经验研究中往往忽视这一点，这就使得SCP经验研究面临大量的内生性问题，也就是说作为解释变量的结构变量并非外生变量，检验失效。尽管1994年Weiss的研究发现，这种内生性问题并不会使估计结构产生多少偏差，但SCP经验研究方法仍饱受诟病，在后来的现代 （转下页注）

从 Iwata[①]开始，产业组织的经验研究逐渐摆脱 SCP 范式的桎梏，不依赖会计数据对厂商市场力量展开实证研究。从 20 世纪 80 年代开始，尤其是从 Bresnahan 的博士论文[②]以及其之后发表的关于美国汽车行业方面的经验检验文章[③]开始，新经验产业组织作为一种产业组织经验研究方法得到了人们的认可，在理论研究方面产生了大量的估计市场力量的方法，在实践中也可以为反托拉斯案件中的被诉方提供辩诉证据。而我国在这一方面的研究并不多见，典型的例子有王皓[④]对我国汽车行业的研究，他借鉴了 Bresnahan[⑤]的分析框架和方法，基于中国汽车行业数据，对 2003~2004 年中国汽车行业竞争状况进行了分析。

但对新经验产业组织方法本身的研究并不多，比如，新经验产

（接上页注③）SCP 经验研究中，Sutton 将技术和沉没成本作为外生变量，进行国家间行业层面的比较分析，较好地解决了内生性问题，但将这些市场力量的决定因素归结为一些历史因素，在解释上更为严密的同时，严重损害其预测力，有违 SCP 范式的宗旨。详见 Weiss Leonard W., "The Concentration-Profits Relationship and Antitrust," In Harvey J. Goldschmid, Michael Mann H., Fred Weston J., eds., *Industrial Concentration*: *The New Learning*, Boston: Little, Brown, 1974; Sutton John, *Sunk Costs and Market Structure*, Cambridge, Mass: MIT Press, 1991; Sutton John, *Technology and Market Structure*: *Theory and History*, Cambridge and London: MIT Press, 1998。

① Iwata Gyoichi, "Measurement of Conjectural Variations in Oligopoly," *Econometrica*, 1974, 42.

② Bresnahan Timothy F., "Three Essays on the American Automobile Oligopoly," Princeton University, Doctoral Dissertation, 1980.

③ Bresnahan Timothy F., "Competition and Collusion in the American Automobile Oligopoly: The 1955 Price War," *Journal of Industrial Economics*, 1987, 35.

④ 王皓：《产品差异化、价格战与合谋集团的变迁》，中国财政经济出版社，2007。

⑤ Bresnahan Timothy F., "Competition and Collusion in the American Automobile Oligopoly: The 1955 Price War," *Journal of Industrial Economics*, 1987, 35.

业组织的来源是什么？各种新经验产业组织方法的有效性如何？在使用新经验产业组织方法时应该注意什么问题？这些问题在我国学术界仍然是比较不明晰的。因此很有必要对这方面展开研究。

1.2 问题的提出和研究意义

我们在学习一种理论或者方法的时候，不仅要知道这种理论是什么、这种方法怎么操作，还需要了解这种理论、这种方法的来龙去脉，更要知道这种理论、这种方法的优缺点。而在国内对新经验产业组织的研究或者应用中，很少看到这方面的论述。最简单的例子，新经验产业组织的来源到底是什么？在与其他人员进行交流的过程中，经常想当然地认为新经验产业组织的来源就是新产业组织，是新产业组织在实际中的应用，而新经验产业组织的真正来源——推测变分——很少有人提及，即使提及也语焉不详。

新经验产业组织作为一种经验研究方法，在实际操作中有很多种具体方法，那么这些具体操作方法适用于哪些环境？如果不适用的话，会存在什么问题？这些在国内也很少有人提及。

因此本书将要研究以下问题。

一是新经验产业组织的来源到底是什么，理论基础是什么，在经验研究中的根源何在，在什么样的现实背景中产生并得到广泛应用？

二是新经验产业组织在实际操作中各种方法之间的优劣势何在？由于新经验产业组织本质上是一种经验研究方法，并不能根据其所得出的结论对这种方法进行判断，正如手表定理那样（如果只有一只手表，很容易确定现在的时间，而如果有两只手表的话，就会让人难以抉择到底将哪只手表作为判断标准，但明显不能根据某一只手表判断自身或者另一手表的时间准确性）。

进行上述研究在理论和实践中都有着重要的意义。

（1）在理论上，可以帮助我们认清事实真相，明白新经验产业组织产生的理论根源、经验研究基础和社会现实背景，从而能够在方法论上对这一研究方法有更加深入的理解，更清楚地把握其发展规律与方向。

（2）在实践中，由于在欧美国家新经验产业组织作为一种方法可以为反托拉斯案件中被诉方提供辩诉证据，对此起诉方也需要提供相应的证据来为自己的检举提供支撑，最终起诉方和被诉方比拼的就是所提供的经济证据。随着我国对外经济、司法交流的深入，未来必然出现更多地涉及反托拉斯、市场力量方面的案件，对提供证据所需方法有一定的了解，有利于人们参与、理解、预测这类事件的处理和最终结果，对维护我国企业正当权益、保护我国消费者福利、维持我国市场经济的良好秩序都有着重要的意义。

1.3　研究现状

正如 Kaiser 和 Suzuki 所说，①尽管利用新经验产业组织方法进行研究的论著很多，但对新经验产业组织方法本身的研究并不多见。Bresnahan 在《产业组织手册》中的一章专门讲述了新经验产业组织

---

① Kaiser Harry M., Suzuki Kaiser Nobuhiro, *New Empirical Industrial Organization and the Food System*, Peter Land Publishing, Inc., New York, 2006.

的基本方法和思路，并且综述了在20世纪70~80年代利用这种方法取得的主要研究成果。[1]Hyde和Perloff讨论了可利用新经验产业组织方法估计市场力量，并提出了要估计市场力量，模型设置时应该注意的问题。[2]Corts对使用行为参数估计市场力量的方法进行了评论，提出有两种方法可以用来检验新经验产业组织方法——数字模拟和利用真实成本数据对比，但是并未讨论新经验产业组织的来源。[3]Kaiser和Suzuki在 *New Empirical Industrial Organization and the Food System* 书中简要介绍了新经验产业组织在估计同质产品市场和异质产品市场中的市场力量的方法。[4]Perloff、Karp和Golan简要介绍了新经验产业组织的方法，从SCP到新经验产业组织再到对厂商策略的估计，是一种渐进的过程。[5]Davis和Garcés在讲述竞争分析和反托拉斯分析中所用定量方法时提及了一些新经验产业组织方法。[6]

[1] Bresnahan Timothy F., "Empirical Studies of Industries with Market Power," In Schmalensee Richard, Willig Robert D., eds., *The Handbook of Industrial Organization*, Amsterdam: North-Holland, 1989.

[2] Hyde Charles E., Perloff Jeffrey M., "Can Monopsony Power be Estimated?" *American Journal of Agricultural Economics*, 1994, 76.

[3] Corts Kenneth S., "Conduct Parameters and the Measurement of Market Power," *Journal of Econometrics*, *1999*, *Vol.* 88.

[4] Kaiser Harry M., Suzuki Kaiser Nobuhiro, *New Empirical Industrial Organization and the Food System*, Peter Land Publishing, Inc., New York, 2006.

[5] Perloff M. Jeffrey, Karp Larry S., Golan Amos, *Estimating Market Power and Strategies*, Cambridge University Press, 2007.

[6] Davis Peter, Garcés Eliana, *Quantitative Techniques for Competition and Antitrust Analysis*, Princeton University Press, 2010.

1.4 研究方法和结构安排

在探究新经验产业组织的来源时，本书使用的是文献研究方法，[①]以厘清新经验产业组织的理论来源——推测变分，以及推测变分的发展过程。在比较新经验产业组织方法时，根据 Corts 的研究，[②]采用数字模拟方法得到数据，利用新经验产业组织方法对这些数据进行验证，将所得结果与数字模拟初始结果进行对比。在探讨新经验产业组织方法在实际中的应用时，也采用文献研究方法，介绍新经验产业组织在实际中的具体操作方法并对其进行分析。

鉴于对新经验产业组织方法本身的研究并不多，而使用新经验产业组织方法的论著非常多，本文单独列出一章来进行文献综述不太适宜。专门论述新经验产业组织方法的著作并不多，而利用新经验产业组织方法进行研究的文章相当多，如果综述内容为方法本身则太少，综述内容为利用方法研究的文章则太多，而本书在对 SCP、新经验产业组织发展及来源进行介绍分析时会涉及大量文献，因此，经慎重考虑，决定不单独列出一章专门进行文献综述，而是将相关文献散布在书中。

我们知道，新经验产业组织是为弥补传统产业组织分析方法——SCP 范式不足而产生的，因此要对新经验产业组织进行研究，

① Charles Figuieres, Alain Jean-Marie, Nicolas Querou, Mabel Tidball, *The Theory of Conjectural Variations*, World Scientific, 2003.

② Corts Kenneth S., "Conduct Parameters and the Measurement of Market Power," *Journal of Econometrics*, 1999, Vol. 88.

就必须知道SCP范式存在的缺陷。这就是本书第2章的内容。第2章描述了SCP的分析框架，将分析重心放在SCP方法的缺陷上，并且简要介绍了SCP范式的最新发展。

本书第3章对新经验产业组织进行了大致描述，为之后的进一步研究做铺垫。

而新经验产业组织产生，还需要正面的支持，因此，在介绍新经验产业组织的同时，对新经验产业组织的来源进行研究。这是本书第4章的内容。第4章对新经验产业组织的理论来源、现实背景进行了分析。

对新经验产业组织来源进行研究之后，需要对新经验产业组织各种方法展开探讨，因此本书第5章采用数字模拟方法对新经验产业组织各种方法进行比较。

第6章对实际操作中新经验产业组织的各种方法进行了分析，从而使得对新经验产业组织的分析更为完整。

通过对新经验产业组织的来源、方法比较和具体方法的分析，第7章得到了本书的最终结论。

1.5 创新与不足

通过研究，本书认为新经验产业组织的来源有三个方面：理论来源、经验检验来源和现实背景，推测变分兼具理论性与可检验性，那么新经验产业组织的理论来源和经验检验来源都是推测变分，而现实背景则是第二次世界大战后国际经济发展形势。根据数字模拟方法得出的结果，三大类新经验产业组织研究方法都有其优劣之处。

结构模型方法的优点在于能够直接对市场力量进行估计，这是其他两种方法所不具备的。如果结构模型设置正确，其效果非常好，但如果设置有误，则效果就不会那么好了。Hall方法的主要优点在于其易于使用而且所需数据相对较少。当行业规模报酬不变时，使用Hall方法的效果较好。然而，不论行业实际情况从任何方向偏离规模报酬不变假设——规模报酬递增或规模报酬递减——使用Hall方法所得出的结果都会发生巨大变化。规模报酬递增使得价格加成系统性的估计过低，而规模报酬递减使得价格加成系统性的估计过高。另外，模拟中随机误差项的大小对Hall方法拒绝错误假设的能力也有较大的影响。在没有其他信息的情况下，并不能依据Hall方法估计的价格边际成本加成来确定市场力量的程度。Panzar-Rosse简化形式模型方法相对于结构模型方法而言更易操作，但不足的是，对于大多数模型，这种方法并不能区分合谋和完全竞争。总体上，对Panzar-Rosse关键检验统计量的估计会受到简化形式收入函数设置的显著影响，并且对那些包括在内的生产要素非常敏感。

总而言之，在理想条件下，结构模型方法和Hall简化形式模型方法能够有效地发挥作用。如果要检验厂商规模报酬不变情况下的行业是不是完全竞争的，则Hall简化形式模型方法具有相当的吸引力，其易于操作，对数据的要求相对于结构模型方法而言并不高，并且对模型设置中可能出现的偏差不那么敏感。但是，如果并不能确定厂商是否为规模报酬不变，或者需要得到对市场力量程度的直接估计，那么结构模型方法是唯一实用的方法。

通过这些研究，本书的主要创新之处如下。

一是提出新经验产业组织的来源是推测变分，这与新经验产业组织是新产业组织理论的实际应用的观点大相径庭。

二是对新经验产业组织三大类方法进行数字模拟检验，并得到了相关结果。

不过，本书也存在如下不足之处。

一是由于缺少实际数据，不能针对某个行业进行新经验产业组织方法的具体应用，这是因为相关数据是非常稀缺的，王皓研究中的数据来自其所认识的汽车行业协会人士，[①]而在国外，研究者大都从事了多年的相关行业研究，积累了大量的数据。

二是缺少对新经验产业组织在反托拉斯领域应用的具体案例，尽管有少数案例，但都是从国外论文中摘录出来的，也没有针对庭审过程进行独立分析。

---

① 王皓：《产品差异化、价格战与合谋集团的变迁》，中国财政经济出版社，2007。

第2章 SCP范式

在新经验产业组织产生之前，早已有对产业组织的经验研究，其中以SCP范式为代表；而在新经验产业组织之后，SCP范式仍然被广泛应用，尽管人们对其提出了很多批评。在第3章会了解到，新经验产业组织产生的很大部分原因是人们对SCP的不满，因此，在介绍新经验产业组织之前，有必要对SCP范式进行介绍，并指出在SCP范式分析中所存在的问题和缺陷。

2.1 SCP范式简介

SCP范式指的是由Bain提出的，在对产业组织进行分析过程中所采取的一种分析范式，这种分析方式界定了产业组织分析的内容和框架——结构（Structure）、行为（Conduct）和绩效（Performance），不论之后产业组织理论发生了多大的变化，但在研究内容和框架上还是一直遵循着Bain所开创的传统范式。而根据Schmalensee的说法，①不论是在产业组织的理论分析中，还是在产

---

① Schmalensee Richard, "Inter-Industry Studies of Structure and Performance," In Schmalensee Richard, Willig Robert, eds., *Handbook of Industrial Organization*, New York: North Holland, 1989.

业组织的经验研究中，SCP分析框架都被当作一种范式①得到广泛的认可。

目前关于产业组织的概念界定，被广为接受的是《新帕尔格雷夫经济学大辞典》中的相关定义，"根据那些自认为是这一行的人们的研究活动，产业组织（或产业经济）现在可以被广泛地定义为与市场联系着的经济学领域，它不易用一般称为科学的竞争模型来分析"。

正因如此，人们一般将产业组织的起源追溯到亚当·斯密1776年的著作《国民财富的性质和原因的研究》（简称《国富论》）中关于劳动分工和竞争的理论。而在斯密之后，马歇尔于1879年出版的《工业经济学》中也有产业组织理论方面的内容，其正式将产业组织定义为产业内部结构。因此，马歇尔被很多人视为产业组织理论的创始人。

在现实生活中，由于铁路以及电报技术的广泛应用，企业的经营范围以及规模得到了极大的扩展，在19世纪七八十年代出现了大量的大型现代组织形式的企业，由于缺少相关法律方面的制约，这些大型企业常常垄断某一市场，或者进行勾结，严重损害社会福利，在司法界和学术界引起了广泛关注。美国总统本杰明·哈里森在1890年通过了著名的《谢尔曼法案》（*Sherman Antitrust Act*），以及之后颁布的《克莱顿法案》（*Clayton Antitrust Act*，1914）和《联邦

---

① 范式概念是由美国科学哲学家托马斯·库恩（Thomas Kunn）于1962年在其著作《科学革命的结构》（*The Structure of Scientific Revolutions*）中提出来的，其含义是指常规科学所赖以运作的理论基础和实践规范，是从事某一科学研究的群体所共同遵循的世界观和行为方式。在一些产业组织理论著述中，范式这个词被滥用，可笑的是，一篇文章的标题就是"产业组织理论的实验经济学范式"。

贸易委员会法案》（*Federal Trade Commission Act*，1914），学术界也开始对其进行了深入的研究。后来产业组织理论的一些重要思想或者概念，如垄断力量、潜在竞争、价格歧视等都得到了较为全面的讨论。

在理论方面，1933年哈佛大学教授张伯仑编写了《垄断竞争理论》，而同年英国剑桥大学教授罗宾逊编写了《不完全竞争经济学》；1939年美国学者克拉克在美国经济学年会上首次提出了"可行竞争"（Workable Competition）的概念。在实证研究方面，最为有名的是伯利和米恩斯在1932年编写的《现代公司与私有财产》一书，书中对现代公司的组织结构、相关法律制度进行了分析。

不过在1956年Bain的《新竞争壁垒》（*The Barriers to New Competition*）出版之前，产业组织的经验研究主要是对制度、法律方面的描述性研究，而不是真正意义上的经济学研究。在《新竞争壁垒》中，贝恩对美国20个制造行业的市场机构和绩效进行了研究，并对产业结构特征与产业结构之间的关系进行了分析，试图通过一些基本的技术和需求因素来解释进入条件，并且讨论这些进入条件与行业绩效的关系。这些因素主要有最小/最优规模、产品差异化、必要资本量。①1959年贝恩在《产业组织》中正式提出了SCP分析框架。其中通过对卖方集中度、买方集中度、产品差异化程度和进入条件等市场结构指标的分析，主要考察卖方之间、买方之间、卖方和买方之间以及在位厂商与潜在进入者

---

① Bain在《新竞争壁垒》中，分别在第三章"规模经济作为进入壁垒"、第四章"既存厂商产品差异化优势作为进入壁垒"和第五章"既存厂商绝对成本优势作为进入壁垒"中讨论了最小/最优规模、产品差异化和必要资本量因素。

之间等的基本关系。市场行为则主要包括以下几个方面：卖方的价格产量决策、卖方的产品和销售费用决策、卖方的掠夺性行为和排他性行为以及企业作为买方时的市场行为。对绩效的考察则主要涉及以下几个方面：受产量、企业规模以及过剩生产能力所影响的相对技术效率；相对于长期边际成本和平均成本的价格水平以及价格—成本加成；长期边际成本和价格相等条件下所存在的最大可能产出规模与实际产出水平之间的比较；生产成本与促销费用的比较；生产或产品的特征，如设计、质量及多样性等；产品以及生产技术进步状况，及其与可以达到的最优成本水平之间的比较。

继 Bain 之后，谢勒于 1970 年出版的《产业市场结构和经济绩效》（*Industrial Market Structure and Economic Performance*）对 Bain 的 SCP 范式进行了系统、完整的阐释，具体结构如图 2-1 所示。

总体而言，谢勒对 SCP 范式的主要贡献如下。

一是从供给和需求两方面系统阐述并强调了所谓产业基本条件对市场结构和行为的影响。在供给方面，这些基本条件包括：主要物料供应企业的所有权情况与分布区域、可利用技术的特点、产品耐用性、产品价值衡量、商业习惯、工会制度等；在需求方面，这些基本条件包括：不同价格区间产品的需求价格弹性、需求增长率、产品可替代程度、买方购买方式、产品的销售特征以及生产销售的周期性和季节性特点等。

二是揭示了市场行为对市场结构和产业基本条件的反馈效应（Feedback Effects）以及市场结构对产业基本条件的反馈效应。比如，厂商可以通过掠夺性定价而将一些实力较差的厂商排挤出市场，从而改变行业中卖方的数量，厂商可以通过垂直一体化而进入上下游企业从而改变消费者的购买习惯等。

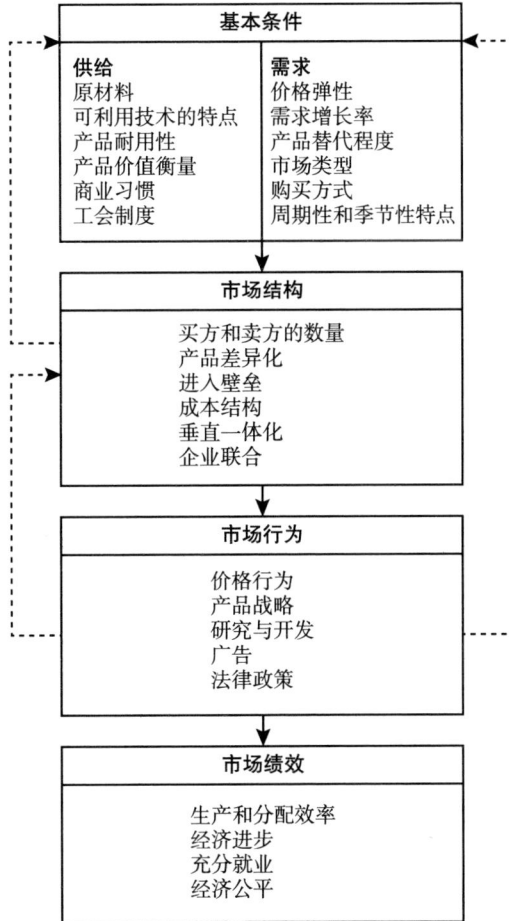

图2-1 结构—行为—绩效范式

另外，有人也使用简化版的结构—行为—绩效范式，如图2-2所示。该图表明只能是结构决定行为、行为决定绩效，而行为对结构没有什么影响，绩效也不会改变厂商的行为。

图2-2 简化版的结构—行为—绩效范式

我们应该如何来看待这种简化版的SCP范式呢？尽管这种简化版的范式与现实明显不符合，那么其是否还有可取之处呢？我们应该如何看待谢勒版本的SCP范式中所提出的反馈效应呢？

很明显，加入反馈效应使得SCP范式在理论层面更为完备，也更符合实际情况，但是在SCP范式的经验研究中，常常需要对绩效变量与结构变量之间的关系进行回归，不存在有效工具变量的情况，直接回归会造成回归结果出现联立方程偏差。要使回归方程的检验结果有效，就必须假设结构影响绩效而绩效不会影响结构。而在简化版SCP范式中至少不会出现这种理论问题。在下文对SCP的分析中还会详细阐述这一点。

2.2 SCP的缺陷

对SCP范式的很多批评集中于其缺少理论基础。但是Bain[①]在提出SCP范式的时候根本就没有想过要提出一种理论分析框架，他

---

① Bain Joe S., The *Barriers to New Competition*, Cambridge, Mass: Harvard University Press, 1956; Bain Joe S., *Industrial Organization*, New York: Wiley, 1959.

更在意的是对实际现象的经验总结。而且Martin[①]认为根据新产业组织理论所得出的计量结果大都证明了SCP范式研究的正确性，而且Schmalensee[②]认为SCP范式为新产业组织的各种理论提供了事实基础。因此，本章在对SCP缺陷的分析中，不分析SCP范式在理论上的缺陷，而是在SCP范式的分析框架下，阐述其分析过程中所存在的各种缺陷。

在SCP范式中，其研究方法是首先测量市场结构、绩效，然后利用大规模样本检验二者是否存在系统性关系。本书的重点并不是批评SCP缺少理论基础，因此，本章分析的是在SCP范式的测量和检验中所存在的问题

2.2.1　SCP各种测量指标所存在的问题

由于SCP绕开了对市场行为的测量，而专注于对市场结构和市场绩效的测量，在这一部分的分析中，先介绍SCP范式对市场绩效测量并加以分析，然后介绍SCP范式对市场结构的测量并加以分析。

2.2.1.1　市场绩效的测量

对市场绩效的测量就经验产业组织分析的关键问题——市场力量是否存在——作出了直接回答。对直接或间接反映价格与成本之间关系的指标测量通常用来衡量行业绩效与完全竞争标准之间的差距。

---

① Martin K. Perry, "Oligopoly and Consistent Conjectural Variations," *The Bell Journal of Economics*, 1982, Vol. 13, No.1, Spring.

② Schmalensee Richard, "Inter-Industry Studies of Structure and Performance," In Schmalensee Richard, Willig Robert, eds., *Handbook of Industrial Organization*, New York: North Holland, 1989.

有以下几种市场绩效测量指标：

——回报率；

——价格–成本加成；

——托宾 q。

下面分别予以阐述。

（1）回报率

要确定厂商或行业的回报率是否有别于完全竞争的水平是很困难的。我们先从概念上加以讨论，然后再指出其中存在的困难。

厂商的利润为收入减去劳动力成本、原料成本和资本成本：

$$\pi = R - 劳动力成本 - 原料成本 - (r + \delta) p_k K$$

其中，R 为收入，r 为所赚得的回报率，δ 为折旧率，p_k 为资本价格，$(r + \delta) p_k$ 为资本的单位租金，而 K 为资本数量。竞争性回报率就是使得经济利润为 0 的回报率：

$$r = \frac{R - 劳动力成本 - 原料成本 - \delta p_k K}{p_k K}$$

为描述超额回报率如何导致索价变高，假设厂商所获得的回报率 r^* 高出正常水平的 5%：$r^* = r + 0.05$，即相对完全竞争行业的情形而言，厂商所投资本要多获 5% 的利润。如果厂商的收入为 R^*，则其回报率为：

$$r^* = \frac{R^* - 劳动力成本 - 原料成本 - \delta p_k K}{p_k K} = r + 0.05$$

可得：$R^* - R = -0.05 p_k K$，因此，要得到正常的回报率，在销售数量不变的情况下，收入必须调至资本价值的 5%。

假设，在一些行业中，资本价值与年收入的比值大致为 1。因此，如果厂商实际回报率要高出正常回报率 5%，则竞争性价格则为目前价格的95%。这就是说，当价格仅仅上升到竞争性水平的5%时，厂商的回报率就要高出完全竞争时的50%（从10%变到15%）。换句话说，在资本价值较低的行业中，即使集中度较高行业与集中度较低行业之间的回报率差异非常大，也并不一定意味着价格高出完全竞争性水平很多。

因此，要找到一个在概念上有效的回报率计算方法非常困难，而所报告的回报率经常是通过折中而取得的，从而难免存在偏差。其中最关键的问题是这些回报率考虑的是经济利润（纳入机会成本因素）还是会计利润。

根据Fisher和McGowan[①]、Carlton和Perloff[②]等的研究，要正确计算回报率主要存在以下困难。

第一，由于在计算中经常使用会计定义而非经济定义来界定资本，资本的评估不准确。在经济学里，将年度资本成本流看作年度租金费用（如果所有这些资本都是借来的）。当租金费用数据不可得时，就会重置价格以计算租金费用，即购买质量相当资产的长期成本。至少在过去，会计学中对资产的评估或者账面价值，是基于资产的历史成本来加以计算的，同时假设存在一定的折旧。由于历史成本经常与资产的实际重置成本存在很大的差异，使用资产的账面价值而非经济价值可能会导致对回报率的衡量存在严重的偏差。

---

① Fisher Franklin M., McGowan John J., "On the Misuse of Accounting Rates of Return to Infer Monopoly Profits," *American Economic Review*, 1983, 70.

② Carlton D., Perloff J., *Modern Industrial Organization*, Pearson, Addison Wesley, Boston, 2005.

第二，对设备折旧的测量也经常不恰当。资产的经济租金率必须在扣除设备折旧之后为所有者提供一定的回报率。而在会计学中，常常使用各种固定公式来计算资产的折旧。常见的计算公式——直线折旧法——假设资产的价值在一固定期限内每年以相同数额递减。例如，成本为1000元而使用寿命为十年的机器，在其前十年的使用期内，每年的折旧费用为100元；而如果其实际使用时间超过十年，则不再产生任何折旧费用。通过固定公式对折旧数额的预测可能和资产价值的衰减毫无关系，即会计学中的折旧费用与经济学中的折旧费用可能毫无关系。这也会导致回报率的计算存在偏差。

第三，广告以及研发（R&D）费用也会导致对回报率的测量存在偏差，这些费用可以看作厂商的资产（有形的或无形的），具有长期影响。与当年开设的工厂会在下一年产生利润一样，厂商在上一年投入在广告上的费用会在下一年带来利润。如果消费者遗忘广告信息的速度比较慢，那么广告对需求的影响可能会持续好几年。如果厂商连续几年都保持同样的广告支出，那么其回报率在最开始的几年会偏低而在最后几年会偏高。较好的测量方法应该是基于利率来计算广告费用，而将广告经济价值的衰减额看作广告的年度费用。不幸的是，在这种方法中，很难确定广告费用计算中所需的折旧率。

第四，由于风险的存在，回报率也会存在偏差。要确定厂商是否获得超出正常水平的回报率，应该将厂商的实际回报率与完全竞争情形下的经风险调整后的回报率进行比较，后者回报率是竞争性厂商从事于与所分析厂商风险情况相同的项目时所获得的回报率。投资者不喜欢风险从而会因承受风险而得到补偿：风险越高，期望回报率越高。例如，假设厂商研发一种新产品成功的概率为20%，如果厂商的期望利润为0，则新产品研发成功所获得利润应该足以补偿在失败情形下所遭受的损失。因此，基于对一种成功产品回报率的验证从而得出结论存在超高的回报率是会引起误解的。

第五，与不确定相关的是，一些回报率的验证没有正确的考虑负债问题。在经验研究中，经常使用股东回报率来衡量厂商的盈利性。如果厂商在发行股票的同时发行债务，债务所有者和股份所有者都有权分享厂商的利润。由于厂商的资产是由债权人和股东共同购买的，厂商的资产回报率就等于债权人回报率与股东回报率的加权平均数；由于债券相对股票而言风险较低且在企业破产时债权人优先于股权人被支付，一般而言股权所有人的回报率要高于债券所有人的回报率。由于财务杠杆较高的公司中股权所有人的收益风险较高，这些公司股权回报率随着债务的增加而增加，同样这些公司股权所有人也要求回报率随着债务的增加而增加。

因此，如果两个公司的资产负债比率相差较大的话，用这两个公司的股权回报率之间的差异来衡量这两个公司的股权回报率则是不恰当的。资产负债率跟公司是否获得超额的资产回报率根本没有关系。公司之间股权回报率的差异可能反映的是公司面临的竞争程度不一样，也可能反映的是公司资产负债率之间的差异。不过，根据Liebowitz的说法，①即使基于净收入按资产平均计算所得回报率与按所有者权益价值所得回报率之间存在差异，其也是高度相关的。

第六，由于通胀的存在，研究需要作出适当的调整。所得回报

---

① Liebowitz Stanley J., "What Do Census Price-Cost Margins Measure?" *Journal of Law and Economics*, 1982, 25.

率可以以实际回报率计算（剔除了通胀因素），也可以以名义回报率计算（未剔除通胀因素）。在比较回报率时应该保证是实际回报率或者名义回报率。

如果使用实际回报率，处于回报率计算公式中分子位置的收入应该不包括资产因通胀所致的价值折旧——其应该仅仅包括在一般价格通胀之外因素所造成的资产价值增加。例如，如果资产原始价值为100元，考虑折旧之后每年收入为20元，年折旧率为10%（从而每年折旧10元），那么所得回报率为20%。如果该年的通货膨胀水平为20%，那么年末该资产的价值为90元（=100-折旧，实际价值）乘以1.2（考虑到通货膨胀而进行调整），等于108元。那么公司资产因通货膨胀而增加18元，但这是一种"货币幻觉"，并不意味着公司购买能力增强，只是因通货膨胀而造成的。

第七，在计算回报率时，账面价值可能会不恰当地被纳入垄断利润因素。账面价值有时会包括资产化的垄断利润（未来垄断利润的现值）。假设垄断厂商在竞争性收入的基础上每年获得100元的超额经济利润，而贴现率为10%，那么垄断厂商在出售资产时会在重置成本之外得到1000元。由于这1000元存在银行的利息刚好等于其每年获得的超额经济利润，垄断厂商会愿意出售，而新的垄断厂商所有者则只能获得竞争性的回报，所得的100元垄断利润刚好抵消其所损失的利息。垄断者支付的这1000元就是资产化的垄断利润，而不是重置成本。因此，如果所报告的资产价值不恰当地包括了资产化的垄断利润，则所计算的回报率就会偏低。

第八，在计算回报率时有可能使用的是税前回报而非税后回报。企业需要缴纳所得税，而只有剩余部分才是个体投资者所关心的，这就意味着税后回报率影响着投资者的进入和退出。而投资者之间的竞争使得不同资产的税后回报率趋于相同。如果不同资产的税率不同，即使所有市场都是完全竞争的，不同资产的回报率也会存在明显的差异。因此，在计算回报率时应该使用税后回报率，尤其是在比较税率不同行业之间的竞争水平时。

（2）价格—成本加成

为了避免在计算回报率时出现上述问题，很多研究者倾向于使用另一种绩效测量方法，即勒纳指数或称价格—成本加成，$L \equiv (p - MC)/p$，具体是指价格与边际成本之间的差额占价格的比例。勒纳指数就是价格在边际成本上的加成。

由于完全竞争性厂商的剩余需求价格弹性为负无穷大（其面临的需求曲线是水平的），价格等于边际成本，从而勒纳指数 $L = 0$。

不幸的是，边际成本数据一般都不可用，很多 SCP 研究者使用平均可变成本来代替边际成本，从而得到价格—平均可变成本（AVC）加成，而非价格—边际成本加成。这种近似的价格—平均可变成本加成通常是由收入减去股票分红、原料成本之后再除以收入而得到的。

Fisher 指出，用平均可变成本代替边际成本可能会导致严重的偏差。[①]假设边际成本为常数，有如下形式：

$$MC = AVC + (r + \delta)\,\frac{p_k K}{q}$$

其中，r 为竞争性回报率，δ 为折旧率，AVC 为生产一单位产出 q 所需的劳动力和原料的（不变的）平均可变成本。将上式代入勒纳

---

① Fisher Franklin M., "The Misuses of Accounting Rate of Return： Reply，" *American Economics Review*，1979，74.

指数，可以得到：

$$\frac{p - AVC}{p} = -\frac{1}{\varepsilon} + (r + \delta) \frac{p_k K}{pq} \; (\frac{p - MC}{p} = -\frac{1}{\varepsilon})$$

因此，用 AVC 代替 MC 会产生偏差，偏差项为 $(r + \delta) \frac{p_k K}{pq}$，即资产的租赁价值除以产出价值之商。

（3）托宾 q

相对前两种方法而言，托宾 q 很少被用于测量公司绩效。托宾 q 为公司市场价值（通过现存股票和负债市场价值计算而得）与其资产重置成本之间的比值。[①]如果公司的市场价值超过其重置成本，则获得超额利润：所得利润高于行业中运营这样一个公司所需成本。

使用托宾 q，可以避免在估计回报率或边际成本时存在的困难；但要使托宾 q 有意义，就必须精确计算公司的市场价值和重置成本。

通常，依据汇总公司所发行票据（包括股票和债券）的价值可精确估计得到公司资产的市场价值。但要获得公司资产的重置成本则要困难得多，除非存在相关的二手设备市场。另外，很难准确估算广告和研发方面的支出所形成的无形资产。经常，研究者在计算托宾 q 时会忽略重置成本中的无形资产，这样，q 总是大于 1。相应的，在不进行进一步调整时用 q 来衡量市场力量会出现偏差。如果能精确地测量得到托宾 q，就能确定垄断性定价过高的程度。

2.2.1.2　市场结构的测量

要确定市场绩效如何随着市场结构变化而变化，就需要衡量市场结构。在文献中使用了很多种测量方法，所有这些都与行业竞争

---

① Tobin James, "A General Equilibrium Approach to Monetary Theory," *Journal of Money*, *Credit*, *and Banking*, 1969, 1.

程度有着一定的相关性。下文对一些经常使用的测量方法加以描述。

（1）**厂商规模分布**

先预设最重要的结构事项是厂商的数目与相对规模。可以想象在只有一个厂商或几个厂商，或者少数厂商非常大但其他厂商都比较小的情况下，市场力量的程度更高。

在大多数SCP研究中，行业集中度测量适用于对厂商规模分布进行全描述的场景。典型的，在测量行业集中度时，将其看作市场中一些厂商或者所有厂商市场份额的函数。

集中度测量方面，被广为使用的市场结构变量是最大四家厂商集中度（C4），是指行业中最大四家厂商所占市场份额之和。也使用其他变量，如美国政府曾经分析过最大八家厂商集中度（C8）、最大二十家厂商集中度（C20）、最大五十家厂商集中度（C50）。

除此之外，还可以用所有单个厂商的市场份额来衡量集中度，广为使用的函数为赫芬达尔指数（Herfindahl-Hirschman Index，HHI），其等于行业中每个厂商市场份额平方之和。例如，如果行业中有三个厂商，其市场份额分别为40%、30%、30%，那么HHI就等于3400（=40×40+30×30+30×30）。自20世纪80年代美国司法部和联邦贸易委员会采用HHI来评估企业合并的效果以来，研究者对这种指数的关注度开始提升。

不幸的是，集中度测量存在两个明显的问题。首先，销售者集中度受到多方面因素的影响。例如，盈利性可能会影响行业集中度。而SCP研究试图回答的一个关键问题是，更为集中的市场结构是否会带来更高的利润水平。对这一假设的检验只有在结构影响利润而利润不影响结构的情况下才是有意义的。因此，对于这一关键问题需要使用外生结构变量来检验，其中外生问题是在实现盈利之前就已经确定，而盈利性不会影响结构。内生测量会导致估计结构出现偏差。

大多数的市场结构测量都不是外生的。其有赖于行业的盈利情况。例如，假设将厂商数量用于测量行业结构，认为厂商数量越多的行业，其竞争程度越高。然而，如果不存在进入壁垒的话，盈利程度较高的行业就会有厂商进入，从而厂商数量发生改变。尽管在短期竞争程度较低的行业的厂商数量较少，但在长期，如果利润率较高的话，就会有很多厂商进入。

相对厂商数量而言，外生的进入壁垒更适用于测量市场结构。例如，如果政府限制一些行业的进入，这些行业的盈利水平就会较高，且也不会有其他厂商的进入。

大多数SCP研究都没有注意到这样一个内生性问题，特别的，经常使用的行业集中度测量方法，如C4，就不是市场结构的外生测量。

其次，由于不恰当的市场界定，很多集中度测量都是有偏的。某种产品的相关经济市场包括显著制约其价格的所有产品。行业集中度要成为一种有意义的绩效预测指标，就必须折中出一个相关经济市场，否则，行业集中度对于定价而言就没有任何意义。

例如，如果某行业的产品与其他行业的产品竞争较为激烈，则该行业的集中度指标就有可能低估其竞争程度。如果塑料瓶与玻璃瓶是竞品，那么玻璃瓶行业的集中度就不能说明其竞争情况。相关集中度的测量必须包括两个行业中的厂商。类似地，某种设备的生产商常常和修理商被归为同一行业，在影响价格方面其是潜在互补者，但这些并未被C4指标反映出来。如果生产产品B的部分设备可以转作生产产品A，则在计算产品A的市场集中度时也应该考虑到产品B的相关生产者。

类似地，如果在计算集中度时没有考虑到进出口因素的话也经常会出现偏差。例如，1997年美国汽车市场的C4为80%，反映出美国汽车市场集中程度相当高，然而，这忽略了从西班牙、日本、德国等国家进口的汽车，而在美国汽车市场这些进口汽车的市场份额达23%，因此，在这个案例中，未考虑进出口情况的集中度会低估美国汽车市场的竞争程度。这种不恰当的集中度测量会使得绩效和集中度之间关系的估计出现偏差。

正如销售者集中度会导致价格变高一样，买方集中度较高会使得价格变低。当买方实力雄厚时，其集中程度会抵消销售者的力量。由此，一些研究者在解释行业绩效时将买方集中度纳入市场结构变量。在对买方集中度进行测量时也会出现类似的问题。

Brozen[1]认为Bain的研究存在两个缺陷。首先，正如Bain所认识到的那样，他所研究的行业可能是处于非均衡状态的。Brozen发现，Bain认定的盈利性较高的行业在接下来几年盈利性降低而盈利性较低的行业在接下来几年盈利性上升。事实上，Bain在1951年研究中所发现的集中度较高行业和集中度较低行业的利润差额，从4.3个百分点降低到20世纪50年代中期的1.1个百分点。其次，Brozen指出，Bain在一些研究中使用的是领袖企业的利润

---

[1] Brozen Yale, "Bain's Concentration and Rates of Return Revisited," *Journal of Law and Economics*, 1971, 14.

率，而非行业利润率，这有可能颠覆其由此所得出的结论。

利用20世纪五六十年代的数据，Mann[①]论证了Bain的初始发现。使用与Bain一样的70%集中度标准将样本分为两类，Mann发现，集中程度更高行业的回报率为13.3%，而集中程度较低行业的回报率为8%。

Mann同时考察了利润与其对进入壁垒的主观估计之间的关系。他发现进入壁垒非常高的行业的利润率要高于中等进入壁垒的行业，而中等进入壁垒行业的利润率又要高于适中到低进入壁垒行业的利润率。其肯定了Bain的预测和早期发现：平均而言，进入壁垒非常高的高集中程度行业的利润率要高于不具有非常高进入壁垒的高集中度行业。

在回报率、集中度以及其他变量（如衡量进入壁垒的变量）之间的关系上，研究者们进行了很多计量估算。Weiss在回顾了很多回归研究成果的基础上，认为利润、集中度和进入壁垒之间存在显著的相关关系。[②]但基于更新数据所得出的结论发现，在结构变量和回报率之间并不存在相关关系或者相关关系很弱。例如，Salinger发现，最多也只能很弱地支持在最小/最优规模与回报率之间存在相关关系。[③]在无其他条件，如不完全资本市场或者存在沉没成本的情况

①　Mann Michael, "Seller Concentration, Barriers to Entry, and Rates of Return in Thirty Industries, 1950-1960," *The Review of Economics and Statistics*, 1966, 48.

②　Weiss Leonard W., "The Concentration-Profits Relationship and Antitrust," In Goldschmid Harvey J., Michael Mann H., Fred Weston J., eds., *Industrial Concentration: The New Learning*, Boston: Little Brown, 1974.

③　Salinger Michael A., "Tobin's q, Unionization and the Concentration-Profits Relationship," *The Rand Journal of Economics*, 1984, 15.

下，大规模资本需求并不构成一种长期进入壁垒。其并未在广告密集度等其他进入壁垒代替变量和回报率之间存在统计上显著的相关关系。

2.2.2　SCP在检验方面存在的问题

除了上述测量问题外，在检验中SCP还存在很多问题，在分析这些问题之前，先简要介绍SCP范式在经验检验中的实际应用。SCP范式主要应用于行业横截面分析，但也可以应用于国家横截面的比较分析中，相对前者而言，后者的应用例子非常少。

2.2.2.1　SCP范式的典型应用

（1）价格—成本加成与行业结构

对价格—成本加成与行业结构之间关系进行验证的文章非常多，这些文章的不同之处在于所用成本测量方法及其所囊括的解释变化有所不同。

价格—平均成本加成。在Collins和Peterson之后，[①]很多研究者基于统计普查数据来验证价格—平均可变成本加成和行业结构的各种代替变量之间的关系，如C4值与资本—产出比等。在Domowitz、Hubbard和Peterson的文章[②]中，公式如下：

---

① Collins Norman R., Peterson Lee E., "Price-Cost Margins and Industry Structure," *The Review of Economics and Statistics*，1969，51.

② Domowitz Ian, Hubbard Glenn R., Peterson Bruce C., "Business Cycles and the Relationship Between Concentration and Price-Cost Margins," *The Rand Journal of Economics*，1986，17；Domowitz Ian, Hubbard Glenn R., Peterson Bruce C., "Market Structure and Cyclical Fluctuations in U.S. Manufacturing," *Review of Economics and Statistics*，1988，70.

$$\frac{p - AVC}{p} = 0.16 + 0.14C4 + 0.08\frac{p_k K}{pq} + \text{其他变量}$$
$$(0.01) \quad (0.02) \quad (0.02)$$

其中，p 为价格，AVC 是对平均可变成本的测量，$C4$ 是四家厂商集中度指标，$\frac{p - AVC}{p}$ 为价格—平均可变成本加成，而 $\frac{p_k K}{pq}$ 为资产账面价值与产品价值的比值。

从该方程可以看出价格对集中程度增加的敏感程度。根据这一方程，如果资产价值与年产出的比值 $\frac{p_k K}{pq}$ 为 40%（行业内的平均水平），而最大四家厂商集中度 $C4$ 为 50%，其他变量为 0，那么根据该方程所预测的价格—平均可变成本加成为 0.24 [$\approx 0.16 + (0.10 \times 0.5) + (0.08 \times 0.4)$]，或者说 $p = 1.3AVC$，也就是说，价格高出平均可变成本的 30%。

如果其他情况保持不变，行业的 $C4$ 指标从 50% 上升到 100%，那么价格—平均可变成本加成上升到 0.29 或者 $p = 1.4AVC$。这就是说，价格上升至平均可变成本的 1.4 倍，仅较行业最大四家厂商集中度 $C4$ 为 50% 时上升 7%。因此，即使行业集中度上升很多，价格可能只是小幅增加。

根据 1958~1981 年的数据，Domowitz、Hubbard 和 Peterson 发现，[1]随着时间的推移，集中度较高行业和集中度较低行业的价格—平均可变成本加成之间的差异逐渐减小。当使用更近期的数据来估计价格—平均可变成本方程时，发现集中度的系数比 1958 年小很多。

---

① Domowitz Ian, Hubbard Glenn R., Peterson Bruce C., "Business Cycles and the Relationship Between Concentration and Price-Cost Margins," *The Rand Journal of Economics*, 1986, 17.

这就是说，集中度对价格原本就很小的影响进一步减小。另外，在较晚期，统计上并不能拒绝集中度并不影响价格—平均可变成本加成的假设。总而言之，他们发现价格—成本加成与集中度之间的关系是不稳定的，如果存在什么关系的话，也是非常弱的，尤其是在较晚期。

价格—边际成本加成方面，在大多数对价格—成本加成与结构之间关系的研究中，一个主要问题是其使用的是平均成本而非边际成本。如果能够准确地测量或精确地估计边际成本，就能较好地实现勒纳指数测量，从而价格—成本加成与结构之间的关系就更具意义。不幸的是，很少能实现可靠的边际成本测量。

根据Weiher等的研究，[1]对航空业的边际成本估计发现在那些一家航空公司承接了大部分旅客的航线中，价格高出长期边际成本的加成幅度要远大于其他航线。而这种一家航空公司承接大量旅客的航线占美国国内航线的58%。

其他解释变量方面，很多研究发现其他解释变量能带来显著的效果。Kwoka和Ravenscraft研究发现，行业增长对价格—平均可变成本加成有显著的正向影响。[2]Lustagarten等的研究认为，买方集中度的增加有时会降低价格—成本加成。[3]Comanor和Wilson研究认为，广告—

---

[1] Weiher Jesse C., Robin C. Sickles, Jeffery M. Perloff, "Market Power in the US Airline Industry," In Daniel J. Slottje, ed., *Measuring Market Power*, *Contribution*: *The New Learning*, Boston: Little Brown, 2002.

[2] Kwoka John E. Jr., Ravenscraft David, "Cooperation vs. Rivalry: Price-Cost Margins by Line of Business," *Economica*, 1986, 53.

[3] Lustagarten Steven H., Thomadakis Stavros B., "Valuation Response to New Information: A Test of Resource Mobility and Market Structure," *Journal of Political Economy*, 1980, 88.

销售比值增加可能会增加价格—成本加成。①Freeman 研究得出结论，工会会降低价格—成本加成。②Salinger 以及 Zimmerman 和 Ruback 的研究也发现工会对高集中度行业的利润有着明显为负的效应。③

（2）绩效和结构的国际研究

对很多国家而言国际贸易都非常重要，忽略进出口可能会导致严重的偏差，集中度估算仅仅基于国内情况，而将其作为一个市场力量的测量方法可能并没有多少经济含义。

Pryor 指出，尽管各国之间的国内市场有所不同，但其国内集中度指标是相互关联的。④也就是说，在美国集中度高的行业，可能在英国也较高。但这种关联并不是绝对的，Sutton 也指出，英国和美国的冷冻食品行业的集中情况存在显著差异。⑤

不论使用哪国的数据，大多数研究都很难得到集中度对绩效存在具有经济意义的统计上的显著效果。⑥不过，Encoau 和 Geroski 发

① Comanor William S., Wilson Thomas A., "Advertising, Market Structure, and Performance," *The Review of Economics and Statistics*, 1967, 51.

② Freeman Richard B., "Unionism, Price-Cost Margins and the Return on Capital," National Bureau of Economic Research: Working Paper No. 1164, 1983.

③ Salinger Michael A., "Tobin's q, Unionization and the Concentration-Profits Relationship," *The Rand Journal of Economics*, 1984, 15; Zimmerman M. B., Ruback R. S., "Unionization and Profitability: Evidence from the Capital Market," *Journal of Political Economy*, 92, No. 6, 1984.

④ Pryor Friedrich L., "An International Comparison of Concentration Rations," *Review of Economics and Statistics*, 1972, 54.

⑤ Sutton John, "Endogenous Sunk Costs and the Structure of Advertising Intensive Industries," *European Economic Review*, 1989, 33.

⑥ Hart Peter E., Eleanor Morgan, "Market Structure and Economic Performance in the United Kingdom," *Journal of Industrial Economics*, 1977, 25; Geroski Paul A., "Specification and Testing the Profits-Concentration Relationship: Some Experiments for the United Kingdom," *Economica*, 1981, 48.

现，美国、英国和日本的大多数高集中度行业的产品价格调整速度非常缓慢。①

2.2.2.2 SCP范式在检验中所存在的问题

大多数SCP研究都是基于横截面数据而非特定行业在一段时间内的数据（也存在例外，如Weiher等②）。通过横截面数据来研究不同行业的结构与绩效之间的关系存在一些问题。

首先，通过横截面数据来研究结构与绩效之间的关系需要假设所有行业的结构与绩效之间的关系都是一样的，这种假设是非常不现实的。假设一个垄断行业的需求弹性非常高，而另一个垄断行业的需求弹性非常低，那么在非常高需求价格弹性行业中价格—成本加成就会低于需求价格弹性非常低的行业。大多数横截面研究为控制不同行业的需求价格弹性差异，从而隐含假设所有行业的需求价格弹性都是相同的。

此外，由于产品之间不恰当的汇总，集中度测定和绩效测定经常存在偏差。由于大多数厂商都不只生产一种产品，对单个厂商利润或价格—成本加成的测量实际上反映的是不同产品的加权情况。例如，统计普查在界定厂商所属行业时是根据厂商的主要产品来进行的，而将其整体都归入所划分的行业。同时统计普查数据也有基于工厂层面所得出的产品统计数据，一般而言，一个工厂只会生产一种产品，那么这种产品层面的数据加总就不存在较大的偏差，因

① Encoau David, Geroski Paul A., "Price Dynamics and Competition in Five Countries," University of Southampton Working Paper No. 8414, 1984.

② Weiher Jesse C., Sickles Robin C., Perloff Jeffery M., "Market Power in the US Airline Industry," In Slottje Daniel J., ed., *Measuring Market Power*, *Contribution: The New Learning*, Boston: Little Brown, 2002.

此相对厂商层面的数据加总而言更为可信。

其次，市场界定存在严重的问题，如很多研究将官方发布的 C4 指标作为行业结构的测定值，然而，这种经济统计上对市场的界定与实际经济市场的界定存在显著的差异。如果集中度指标所基于的市场界定不准确，很难想象不同市场的结构与绩效之间的关系存在一致性。

再次，概念问题。在 SCP 研究范式中，绩效的测量被看作是市场力量存在的证据。大多数 SCP 研究者感兴趣的是行业机构与绩效（如市场力量）之间是否存在一定的关系。然而，研究中的内在概念问题限制了其验证这一关系的能力。两个最常见的概念问题是：是否使用了长期绩效测量、结构变量是否为外生的。

尽管标准的静态经济学分析认为，长期利润会随着市场结构的变化而变化，但其并未就短期利润和市场结构之间的关系作出说明。因此，基于短期绩效测量的 SCP 研究并非相关理论的正确检验。

不同行业所需时间有所不同。在任何时候，都有一些行业利润率较高而大部分行业利润率较低。随着时间的推移，一些厂商从低利润行业退出而进入高利润行业，这使得回报率趋于平均水平。Stigler、[1]Connolly 和 Schwartz[2]以及 Mueller[3]发现，在集中程度较高的行业中，高利润率下降得较为缓慢。只有通过分析利润率变动情

---

[1]　Stigler George J., *Capital and Rates of Return in Manufacturing Industries*, Princeton: Princeton University Press, 1963.

[2]　Connolly Robert A., Schwartz Stephen, "The Intertemporal Behavior of Economic Profits," *International Journal of Industrial Organization*, 1985, 3.

[3]　Mueller Dennis C., *Profits in the Long Run*, Cambridge, UK: Cambridge University Press, 1985.

况，才能识别长期进入壁垒和进入发生速度。大多数分析都进行了这种区分，这一问题可被看作测量绩效问题。

最后，很多研究在对方程进行回归时，经常不恰当的假设在绩效与集中度之间存在线性关系。例如，如果集中度的增加对绩效的影响在达到一定限制之前速度较快，而在达到该限制之后，其速度要慢一些，那么集中度与绩效之间的关系是"S"形的。如果回归模型假设两者之间关系是线性的，则对方程的回归必然会存在偏差。Bradburd和Over对这种临界集中度进行了研究，并取得了一定的成功：有证据显示，当C4指标为50%~60%时，价格随着C4的增加而增加。Bradburd和Over提出，集中度对行业绩效的影响取决于历史集中度水平。当高集中度行业的集中度降低时，其价格要高于集中度一直很低的行业。①

然而，绩效测量所存在的各种问题并不像看起来那么严重，Schmalensee②在SCP研究中使用了12种关于盈利性的会计测量方法，尽管这些测量方法之间的相关程度并不高，但SCP结果保持了一致性。

可能很多SCP研究中更为严重的概念问题在于结构变量并非外生的。很多研究者在得出高利润（或者超额回报率，价格—成本加成或者托宾q较大）与高集中度之间存在一定关联的结论之后，错

---

① Bradburd Ralph M., Over Mead A. Jr., "Organizational Costs, 'Sticky Equilibria', and Critical Levels of Concentration," *Review of Economics and Statistics*, 1982, 64.

② Schmalensee Richard, "Inter-Industry Studies of Structure and Performance," In Schmalensee Richard, Willig Robert, eds., *Handbook of Industrial Organization*, New York: North Holland, 1989.

误地认为高集中度是不好的，其导致了高利润。

然而，利润和集中度相互影响。同 Demsetz[1]、Peltzman[2]针对这种关联所作出的另一种解释一样，较大的厂商的效率更高或者创新性更强。只有当厂商是高效率的或者创新型的时，其在市场中进行扩展从而使得市场集中度增加才是有利可图的。按这种观点，成功的厂商吸引消费者，或是通过更低的价格，或是通过更好的产品。厂商的成功，其利润及市场份额如所测量的那样，是消费者满足的指征，而不是行业绩效较差的象征。这一假说的含义在于，厂商的成功需要用其自身市场份额来加以解释，而不仅仅由行业集中度来进行解释，Kwoka 和 Ravenscraft[3]也发现了这一点。

如果集中度并非外生测量，那么对利润和集中度之间关系的估计就会造成联立方程偏差，因为在这种估计中假设集中度影响利润而利润并不会影响集中度。不过 Weiss[4]在估计绩效测量指标与集中度之间关系时，使用一些统计技巧来消除这种联立方程偏差，结果发现不同估计程序所得到的这种关系之间并没有多大差异。

尽管回归结果可能不会有多大的变化，但其解释则截然不同。

---

[1] Demsetz Harold, "Industry Structure, Market Rivalry, and Public Policy," *Journal of Law and Economics*, 1973, 16.

[2] Peltzman S., "Regulation of Pharmaceutical Innovation: The 1962 Amendments," *American Enterprise Institute for Public Policy Research*, Vol. 15, 1974.

[3] Kwoka John E. Jr., Ravenscraft David, "Cooperation vs. Rivalry: Price-Cost Margins by Line of Business," *Economica*, 1986, 53.

[4] Weiss Leonard W., "The Concentration-Profits Relationship and Antitrust," In Goldschmid Harvey J., Michael Mann H., Fred Weston J., eds., *Industrial Concentration: The New Learning*, Boston: Little Brown, 1974.

绩效与集中度之间关系的估计，即使正确，也不能提供什么因果关系方面的信息。高利润并非由集中度造成的，而是由长期进入壁垒所造成的，高利润和高集中度都是由这种长期进入壁垒所造成的。

采用SCP方法进行研究的仍较多，只是相对20世纪五六十年代其顶峰时期有所降低。

2.3 现代结构—行为—绩效研究方法

Sutton在其1991年、1998年的著作中提出了一种新的SCP研究方法。[①]他使用博弈论的方法来验证，当市场规模增加时竞争、促销活动以及R&D所发生的变化。其同样也强调当沉没成本为内生时这些结论有所不同。

最初SCP研究范式试图在价格和集中度之间建立起一种系统性关系。我们已经讨论了针对这种方法的很多批评，其中最主要的批评是针对集中度本身是由行业经济条件所决定的，从而不能用来解释厂商的定价行为或其他行为。Sutton基于SCP需求行业间系统性竞争行为模式，引入进入的内生性来进行研究。[②]

在Sutton的研究中，其验证了当市场规模增加时竞争所发生的变化。市场集中度是否会增加？产品的其他维度如质量、促销行为以及

---

① Sutton John, *Sunk Costs and Market Structure*, Cambridge, Mass: MIT Press, 1991; Sutton John, *Technology and Market Structure*: *Theory and London*, Cambridge and London: MIT Press, 1998.

② Sutton John, *Sunk Costs and Market Structure*, Cambridge, Mass: MIT Press, 1991; Sutton John, *Technology and Market Structure*: *Theory and History*, Cambridge and London: MIT Press, 1998.

R&D是否会发生改变？何种基础性经济力量在不同行业中发挥着共同的作用？在回答这些问题的过程中，Sutton分析了同质产品市场和异质产品市场，同时考虑进入市场的成本或者产品特性的一些变化。

2.3.1 理论

Sutton基于厂商进入成本是外生沉没成本还是内生沉没成本讨论了两种情况。在外生沉没成本情况下，厂商进入行业所需花费的成本是一个变量，是由厂商通过影响产品的某些特性而改变消费者对满足自身需求所付出的努力决定的。

2.3.1.1 外生沉没成本

为了阐释其理论，Sutton验证了同质产品市场和异质产品市场。刚开始，我们考虑同质产品市场，而厂商唯一的竞争变量为价格（而非质量）。每个厂商花费一定的沉没固定成本F，不变边际成本为m。当价格较低时，行业需求曲线为$Q = s/p$，其中Q为行业产品数量，s是对市场规模的一种测量（总支出，假设其不受价格的影响），而p为价格。也就是说，在较低的价格下，给定s，则市场需求弹性为-1。在某一较高价格p_m上，需求弹性无穷大，从而垄断者在该市场上应该索取的价格为p_m。

该市场最终均衡如何以及当市场规模发生变化时这种均衡如何发生变化都是由厂商竞争模式决定的。在Sutton的研究中，其考虑了三种模式的竞争。第一种为卡特尔模式。在卡特尔模式中，行业里所有厂商进行默契合谋索取垄断价格p_m，并且将所得垄断利润在行业中的n家厂商之间进行分成。不论厂商的数量n为多少，价格保持不变，都为p_m。因此，每个厂商的利润随着n的增加而减少，直到每个厂商的利润为0。因此，均衡厂商数量n在卡特尔总利润为0的时候出现。[①]

第二种竞争程度更高的模式为古诺寡头竞争。对于任意的厂商数量n，古诺均衡价格为$p(n) = m[1 + 1/(n - 1)]$。[②]因此，当n增加时，古诺价格逐渐降低至边际成本m。每个厂商的产量q等于$(s/m)[(n - 1)n^2]$，而每个厂商的利润$[p - m]q - F$则等于$s/n^2 - F$。因此，在自由进入的情况下，行业中厂商均衡数量n等于$\sqrt{s/F}$，此时每个厂商的利润为0。

最后考虑的是第三种竞争程度最高的模式——伯川德价格竞争。在这种竞争模式中，对于任意大于1的厂商数量，价格都等于m。因此，唯一的自由进入均衡是只有一个厂商，其获得正的利润。如果第二个厂商进入的话，其将把价格拉低至边际成本m，从而其利润为负（考虑到固定成本）。

对于每种竞争模式，图2-3显示的是当厂商数量增加时价格变化情况。如图2-3所示，对于大于1的任意给定厂商数量，当竞争加剧时价格降低，其中伯川德价格竞争程度最高而卡特尔价格竞争程度最低。

---

① 令卡特尔利润为$\Pi = [p - m]Q - nF$，最大化卡特尔利润的价格与最大化$[p - m]Q$的价格一样。因此，每个厂商的利润为$\Pi/n - F$。在均衡中，$\Pi = 0$，均衡厂商数量为Π_m/F。

② 每个厂商决定自身产量从而实现利润最大化，$p_i(\Sigma q_j)q_i - mq_i - F$，其中$p_i(\Sigma q_j)$为反需求函数。对其关于$q_i$求导可以得到每个厂商在给定其他厂商产量不变情况下的最优产量水平的一阶条件。令$q_j = q$，即可得到对称性古诺均衡中所有厂商的产品产量及其价格。

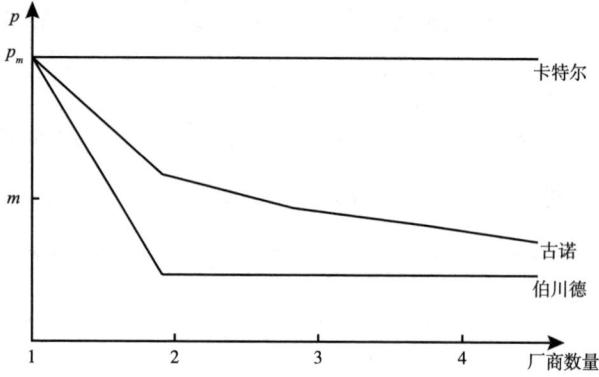

图2-3 不同竞争模式下价格水平随着厂商数量变化而变化的情况

图2-4描述的是在各种竞争模式下市场均衡时行业集中度（$1/n$）与市场规模（s）之间的关系，其中均衡是指总利润等于0（或者更为精确地说，当新增一个厂商时，新增厂商所得利润为负）。

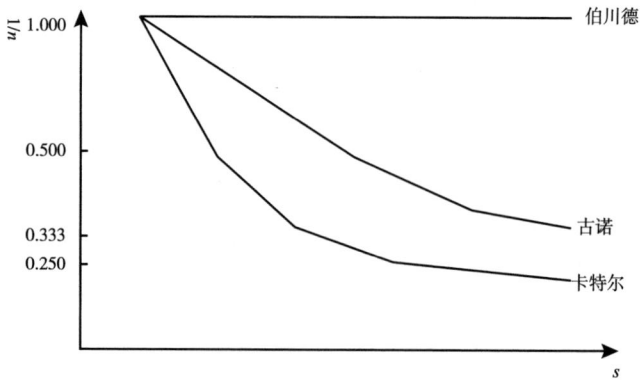

图2-4 不同竞争模式下集中度与市场规模的关系

图2-4反映了两个有意义的结论。首先，如所预期的那样，对于除竞争程度最高的博弈模型（伯川德）之外，在其他竞争模型中，集中度随着市场规模的增加而下降。这一结论的直观意义就是，规

模越大的市场所能容纳的厂商数量越多。其次，对于任意给定的市场规模，当均衡市场的集中度越高时，竞争就越激烈，这有点出乎意料。即使在卡特尔模型中价格最高，卡特尔模型的集中度也最低。造成这一现象的原因在于，就算激烈竞争使得价格较低，也不能吸引新厂商进入。该结论表明，仅依赖集中度来推断价格与竞争程度之间的关系可能会得出错误的结论。

异质产品市场的外生固定进入成本情况要复杂一些。在异质产品模型中，市场集中度取决于博弈的性质，如单家厂商能够生产多少种产品，或如果一家厂商相对于其他厂商能先生产出某种产品，其是否具有优势，等等。

Sutton在异质产品情况下的主要研究结论为，一般而言，当厂商从同质产品竞争转向异质产品竞争时，市场竞争程度有所降低，从而对于任意给定的市场规模，均衡状况下行业集中度有所降低。不过，与同质产品市场不同的是，对于任意给定规模的市场，可能存在很多种均衡，而研究者从中所能得出的最好结果就是找出任意给定市场中集中度的下限。当该下限较低时，其意味着我们在经验上不能得出关于均衡集中度的预测，因为只要均衡集中度超过该下限，这种均衡就有可能在实际中发生。

均衡集中度（或者其下限，异质产品情况下）随着市场规模的增加而降低的性质有赖于固定成本外生而产品质量不变的假设。在其他情况不变时，根据这种性质，当市场规模由国家规模决定时，规模较大的国家的市场集中度低于规模较小的国家。

尽管这一结论适合于很多行业，但仍有一些行业在大国和小国的集中度都很高，Sutton用内生沉没成本来解释这种现象。

2.3.1.2　内生沉没成本

在大多数市场中，厂商不仅进行价格竞争，还在产品的很多维度，如质量、可靠性、R&D以及促销等方面展开竞争。在内生进入成本情形下的新假设是，厂商可能会支出一定的费用来提升产品的质量，即 W，可以将其解释为产品的信息。例如，厂商可能会通过增加广告支出、R&D支出等来提升产品的声誉、质量从而提高 W。这样厂商既可以通过提升 W 来与其他厂商展开竞争，也可以进行价格竞争，或者两者同时进行。在此，Sutton认为厂商的沉没成本是内生的，投资规模由厂商决定。

改进质量有以下重要效果。第一，提升了厂商的固定成本，如果高质量产品成本更高的话，产品的边际成本也提高了；第二，可以吸引一部分之前购买质量较低产品的消费者。这两种效果加在一起可能会完全颠覆之前在外生沉没成本情形下所得出的结论：市场规模的扩大会使得均衡集中度降低。当市场规模扩大时，厂商有动力通过提升产品质量 W 来展开竞争。为了提升质量，厂商必须投入沉没成本，而这降低了其他厂商进入市场的积极性。因此，当市场规模扩大时，均衡集中度不一定会降低。某一行业在不同规模下集中度可能都较高，但在规模较大时，产品质量要高一些。

在上述推理过程中，有几个主要假设。消费者必须能够充分地对质量改进加以评估从而使产品从低质量转向高质量。Sutton使用了纵向差异模型来刻画这一点，在纵向差异模型中，每个消费者对系列产品的质量进行排序，在不考虑价格的情况下，每个消费者都偏好于质量更高的产品。

假设消费者从质量为 W 的产品中得到的消费者剩余为 $U = \theta W - p(W)$。其中，θ 为消费者相对于价格而言对质量所赋权重，而 $p(W)$ 是质量为 W 的产品价格。由于消费者所赋权重有所不同，则即使所有消费者都偏好质量更高的产品，不同消费者对相同质量产品所愿意支付的价格也有所不同。每个消费者的最优 W 取决于价格函数 $p(W)$ 和所赋权重 θ。

Sutton 证明，当质量 W 提升时 $p(W)$ 和生产高质量产品的边际成本增加得不是"很快"，那么所得的均衡具有以下重要性质：首先，市场中生产最高质量产品的厂商是规模最大的；其次，市场规模的扩大会导致市场中质量最高产品的产量进一步增加，较高质量产品由消费者以较高价格购买，而一些较低质量的产品则退出市场，因此均衡质量随着市场规模的增加而提升；最后，随着产品质量的提升以及生产高质量产品成本的增加，越来越少的厂商能够留在市场上，从而集中度会维持在较高的水平上。

对于内生沉没成本和外生沉没成本情形，关于集中度与市场规模之间关系的经验预测取决于一些假设的有效性。其中最重要的假设就是竞争模式——伯川德、古诺或卡特尔——随着市场规模的扩大而保持不变。对于任意市场，这一假设可能是可行的，也可能是不现实的。此外，在对可以预测行业竞争过程的经济特征的描述中，尚未取得任何显著的进展，因此，与之前对 SCP 范式的批评——集中度不一定是外生的——类似，Sutton 方法也面临着竞争模式可能不是外生的批评。

2.3.2 经验研究

Sutton 在其 1991 年、1998 年的著作中，使用来自美国、英国、法国、德国、意大利、日本等的数据来检验其所提出的理论，尤其是对广告和技术内生性方面的理论的检验。Sutton 的经验研究有助于解释一些行业在不同国家的集中度相似而另外一些行业则截然不同。

Sutton 在 1991 年的著作中，对食品饮料行业的几个部门的集中度与市场规模之间的关系进行了验证。将这些行业分为两类——广告较多和没什么广告。第一类行业大致相当于外生沉没成本类型，而第二类行业则大致相当于内生沉没成本类型。对于每一类行业，Sutton 基于四家厂商集中度指标 $C4$ 进行如下形式的回归：

$$C4 = a + b\ln(s/\sigma)$$

其中，s/σ 为市场规模与高效工厂规模之比。检验发现，第一类行业 b 为负值，而第二类行业 b 为 0，这就验证了 Sutton 的理论。

Sutton 的研究有助于在理论和经验上增进对集中度与竞争之间关系的理解，但关于其结论还是有两个重要的告诫。首先，正如 Sutton 在对每个国家每个行业的详细分析中所揭示的那样，所有国家同一行业竞争模式相同的假设并不一定正确，而很少有研究解释一些行业在一些国家的竞争度较高而在另一些国家的竞争程度则较低。其次，Sutton 预测的是市场规模与集中度之间关系的下限，这是因为可能存在多重均衡，只要这些均衡的集中度高于下限就行。因此，当下限很低时，Sutton 的理论并不能用于预测特定国家的行业集中情况。

2.4 小结

　　本章对传统SCP范式和Sutton提出的现代SCP框架进行了回顾和评价，且主要是针对其缺陷的，因此需要指出的是，尽管存在这么多缺陷，SCP范式作为产业组织系统研究的"开山之作"，为产业组织的研究打下了基础，之后的研究，不论是新产业组织理论还是新经验产业组织理论，都严格界定在SCP所规定的范畴之内。尽管Sutton提出的现代SCP框架，可以避免传统SCP范式所存在的理论缺陷，但是将一些因素归结于人们所不能控制或改变的历史因素，使得其理论在实践中的指导意义大为下降，而这恰恰是传统SCP范式的精髓所在，Sutton提出的现代SCP框架，作为一个理论框架值得期待，但是其在实践中的指导意义仍得依赖传统SCP范式。在开启新的一章之前，需要记住这一点。

第3章　新经验产业组织概述

3.1　新经验产业组织的产生和基础

新经验产业组织（New Empirical Industrial Organization，NEIO）是相对传统产业组织的经验研究而言的。在NEIO诞生之前，研究者根据哈佛传统的SCP范式已经进行了大量的经验研究，但对SCP范式所坚持假设的争议也越来越多。根据Bresnahan的观点[①]，争议主要体现在以下三个方面。

（1）经济学意义上的价格—成本加成（绩效）可以直接从会计数据中得出。[②]

（2）行业结构的横截面变化可以由为数不多的几个可测度量来

---

① Bresnahan Timothy F., "Empirical Studies of Industries with Market Power," in Handbook of Industrial Organization, Volume Ⅱ, Ch.17, North-Holland 1989.

② 在利用会计数据描述绩效方面，还有很多批评，如对于根据会计数据得出的利润率，学者认为存在八大问题等。详见 Fisher Franklin M., McGowan John J., "On the Misuse of Accounting Rates of Return to Infer Monopoly Profits," *American Economic Review*, 1983, 70。

刻画。①

（3）经验研究的目标应该是估计结构和绩效之间关系的简化形式。②

面对这些争议，研究者开始尝试提出一种新的经验研究方法，以弥补SCP经验研究的缺陷，最早从Iwata③开始，学者们试图不使用会计数据，而是通过对市场上可直接观测数据的挖掘来估计厂商拥有的或者行业中存在的市场力量。④从20世纪80年代开始，这种

---

① 其本质在于认为行业之间存在大量的同质性，这一点备受批评，这也是新经验产业组织主要进行单个行业经验研究的原因所在。

② 这源自SCP的核心假设，认为结构决定行为，行为决定绩效，但是在经验研究中，SCP研究者着眼于从结构到绩效的因果关系，详见Nobuhiro Suzuki，Kaiser Harry M.，"New Empirical Industrial Organization Theories and Their Application to Food System Analyses，" In Kaiser Harry M.，Suzuki Nobuhiro，eds.，*New Empirical Industrial Organization and the Food System*，2006。尽管在SCP理论中强调结构与绩效的双向关系，但在经验研究中往往忽视这一点，这就使得在SCP经验研究中存在大量的内生性问题，也就是说作为解释变量的结构变量并非外生变量，使得检验失效。尽管Weiss发现，这种内生性问题并不会给估计结构带来多少偏差，还是使得SCP经验研究方法饱受诟病，在后来的现代SCP经验研究中，Sutton将技术和沉没成本作为外生变量，进行国家间行业层面上的比较分析，能够较好地解决内生性问题，但是其将这些市场力量的决定因素归结为一些历史因素，这就使得其在解释上更为严密，但严重损害了其预测的力度，有违SCP范式的宗旨。详见Weiss Leonard W.，"The Concentration-Profits Relationship and Antitrust，" In Goldschmid Harvey J.，Michael Mann H.，Fred Weston J.，eds.，*Industrial Concentration：The New Learning*，Boston：Little Brown，1974；Sutton John，"Endogenous Sunk Costs and the Structure of Advertising Intensive Industries，" *European Economic Review*，1989，33；Sutton John，*Sunk Costs and Market Structure*，Cambridge，Mass：MIT Press，1991。

③ Iwata Gyoichi，"Measurement of Conjectural Variations in Oligopoly，" *Econometrica*，1974，42.

④ 市场力量是指厂商将价格提升至边际成本之上的能力，常常用勒纳指数表示。

新的经验研究方法开始流行起来。那么这种新的经验研究方法的基础是什么？批判与建设之间还有很大的空白需要填补，理解这一点对于了解NEIO的全貌大有帮助。

经验研究作为理论和实践之间的桥梁，不可避免地受到理论和现实的影响，再加上经验研究本身，NEIO产生和发展的基础如下。

理论方面，在20世纪60年代，理论界对SCP范式的批评越来越多，主要有芝加哥学派（其代表作是1968年的斯蒂格勒《产业组织》）或与SCP范式之极端——结构主义相对应的效率主义，有可竞争理论①，在这些批评的基础之上，出现了新产业组织理论（NIO），NIO强调市场结构对行为的影响以及行为对绩效的影响，使得产业组织的研究在20世纪80年代达到一个新的高潮，其标志为1988年Tirole的《产业组织理论》。同时，在分析行为人之间的相互作用过程中推测变分得到了广泛的应用。理论的发展为NEIO提供了模型构建的理论基础，也使其摆脱人们对SCP结构和绩效简化关系的批评，使得NEIO在进行实证研究时有了理论基础。

实践方面，在反托拉斯领域，先后出现了三大流派：哈佛学派、芝加哥学派和后芝加哥学派。针对芝加哥学派的一些观点，后芝加哥学派表示质疑。在理论不唯一的地方，研究者开始使用经验研究来具体分析在某单个案例中市场力量的存在性和大小。这种观点逐渐从学术界扩展到反托拉斯执法领域。在很多案例中，被告方可以

---

① 效率主义意在说明的是，垄断或者市场力量形成的原因在于其效率相对较高，并不需要反托拉斯当局的介入，而可竞争理论意在说明的是，如果市场可自由进出，由于潜在竞争的存在，使得垄断厂商或者具有市场力量的厂商不敢也没有能力实施市场力量去提高价格损害消费者利益。

使用由新经验产业组织方法所得出的计量结果来进行辩诉，而起诉方也需要类似的证据来支持本方的起诉。这样，在反托拉斯执法领域产生了对新经验产业组织的需要，这也可看作后芝加哥学派向反托拉斯领域渗透的明证。

计量方面，在新经验产业组织方法的应用过程中，一般会涉及对大量的数据进行相对复杂的操作，高性能的计算机和相应的软件是必不可少的，这也是新经验产业组织产生于20世纪70年代的原因之一。但是更为重要的是，CV（Conjectural Variation）方法为新经验产业组织提供了必不可少的思路和工具。CV方法中的行为参数，使得市场力量成为一个待估计的连续参数，这为新经验产业组织的发展奠定了计量方面的基础。

3.2 新经验产业组织的特点

Bresnahan认为新经验产业组织在可观测的变量以及如何测量经济数据上与前人研究有很大的不同。[①]其将新经验产业组织的核心观点归纳为以下四点。

（1）厂商的价格—成本加成不再是可观测的变量，经济学意义上的边际成本（MC）不能直接或者直观地被观测到，从厂商行为中推测MC，利用紧密相关市场间的差异来探求MC变化所产生的效果，或者直接给出一个数量化的市场力量结果而根本不直接衡量成本。

---

① Bresnahan Timothy F., "Empirical Studies of Industries with Market Power," In Schmalensee Richard, Willig Robert D., eds., *The Handbook of Industrial Organization*, Amsterdam: North-Holland, 1989.

（2）个体行业都被看作具有重要的特殊性。行业层次上的制度细节特征可能会影响厂商的行为，更为可能的是会影响测量策略，因此，这些经验工作者都对通过行业或者市场之间变量的比较静态分析所得出的结论持怀疑态度，除非这些市场是紧密相关的。

（3）厂商和行业行为被看作待估计的未知参数。研究者对厂商设定价格和数量的行为方程进行估计，而这些方程的参数就直接与厂商和行业行为的分析性概念联系起来。

（4）由于所考虑的备择假设集的规定很明晰，市场力量推断的本质就很清楚了。无策略相互作用的备择假设，常常为完全竞争假设，明显是人为设定的，只是可选择方案中的一个。

如何判断厂商是否利用了市场力量？如果能够观测到价格和边际成本，就能够直接判断厂商是否设置的价格高于边际成本。但不幸的是，通常只能观测到价格，以及与需求、成本相关的一些因素，对于总成本或者边际成本并没有明确的信息。解决该难题的一种方法是同时估计厂商的行为（或者行业中所有厂商的平均水平）和边际成本，另一种方法是使用简化形式或者非参数方法来判断厂商是否具有市场力量。

结构性方法具有两个主要的优势：第一，直接估计了市场力量；第二，可用以模拟市场变化所引起的效果，这在决策时是非常重要。这种方法主要的劣势在于其结果严重依赖于对函数形式、分布和一些不为计量经济学家所了解的因素的假设，并且对数据的要求也很高。

简化形式方法或非参数方法一般是基于结构模型的比较静态性质，一般而言，与结构性方法相比，对数据的要求更低，所需的假设更少，但只能用以判断行业或市场是不是完全竞争的，而不能确定其竞争程度或者用于对政策问题的模拟。

3.3　同质产品市场力量的估计

在运用行业或者市场层面的数据进行估计的时候常常需要做出大量的假设才能验证市场力量的存在并加以估计，大多数研究假定厂商生产同质的产品，从而平均时长、价格和总产量就成为有用的统计数据。在结构性模型中，典型的假设是所有厂商都是同质的，从而行为模式相同。

3.3.1　结构模型方法

在典型的结构性模型中，有两个基本方程：需求方程和边际成本方程。市场（或厂商）所面临的反需求函数为：

$$p = p(Q, Z)$$

其中，p 为价格，Q 为产量，而 Z 为影响行业需求曲线但不影响边际成本的外生变量。边际成本曲线为：

$$MC = g(Q, w)$$

其中，w 为影响"行业"边际成本但不影响需求函数的外生变量。Just 和 Chern[1]、Bresnahan[2] 和 Lau[3] 提出使用行为参数 λ 以包罗

[1]　Just Richard E., Chern Wen S., "Tomatoes, Technology, and Oligopsony," *Bell Journal of Economics and Management Science*, 1980, 11.

[2]　Bresnahan Timothy F., "The Oligopoly Solution Concept is Identified," *Economics Letters*, 1982, 10.

[3]　Lau Lawrence J., "On Identifying the Degree of Competitiveness from Industry Price and Output Data," *Economic Letters*, 1982, 10.

所有市场结构，有效边际收入方程为：

$$MR(\lambda) = p + \lambda p_Q(Q, Z)Q$$

则最优条件或者均衡条件为行业的有效边际收入等于其边际成本：

$$MR(\lambda) = p + \lambda p_Q(Q, Z)Q = MC(Q, w)$$

这样基本的模型由两个方程组成，一个是需求方程，另一个是最优条件方程。

如果市场是完全竞争型的，那么均衡由需求曲线 $[MR(0)]$ 和边际成本曲线的交点确定；如果市场为垄断的或者完全卡特尔化的，那么边际收入曲线就为 $MR(1)$。可以在同质寡头模型下考虑 λ 的实际含义，在同质寡头古诺竞争模型中，λ 等于厂商数量的倒数，也就是说，可以通过 λ 来大致判断市场竞争程度，如在美国纺织品市场上，Perloff和Ward测得的 λ 为0.21，[1]说明该市场竞争程度相当于五个同质寡头进行古诺竞争时的情形。

在新经验产业组织的研究过程中，对 λ 的解释主要有两种[2]，对厂商所从事博弈持不可知论的学者将 λ 看作对价格和边际成本之间差异的测量：$p - MC = -\lambda p_Q Q$，而勒纳指数为：

$$L = \frac{p - MC}{p} = -\frac{\lambda p_Q Q}{p} = -\frac{\lambda}{\varepsilon}$$

那么 $\lambda = -L\varepsilon$，即 λ 为经市场需求弹性调整过的勒纳指数。

---

① Perloff Jeffrey M., Ward Michael B., "A Flexible, Nonparametric Approach to Estimating Market Power," Working Paper, 1988.

② Bresnahan Timothy F., "Empirical Studies of Industries with Market Power," In Schmalensee Richard, Willig Robert D., eds., *The Handbook of Industrial Organization*, Amsterdam: North-Holland, 1989.

而另一种解释则认为一个总体意义上的推测变分 $\lambda = \dfrac{1+v}{n}$。[1]
在此，λ 不是对价格偏离边际成本程度的测量，而测量的是一个与厂商行为有关的总体意义上的推测变分。但很多博弈论者认为这种解释的关键在于运用可靠的经济模型，如伯川德均衡、古诺均衡和合谋均衡，只能证实有限的几个 λ 值而不能说明为何 λ 可以是连续的。尽管有反驳称，如果厂商从事的是动态博弈，无名氏定理（Folk Theorem）表明一定范围内的 λ 相对应的结果都是与纳什均衡一致的，但对此的批评又变成这种辩护——使用静态方法来研究动态问题的做法本身就是有问题的。

而对于 λ 为价格边际成本差异的解释，Corts认为，只有在潜在的厂商行为是推测变分均衡的结果时，所估计的推测变分参数才是无偏的。[2]

在参数的验证问题上，Lau认为当且仅当反需求函数 $p(Q, Z)$ 于 Z 是可分离的，[3]即可以将其写作 $p = f(Q, r(Z))$ 但不能写作 $p =$

----

[1]　在传统的推测变分模型中，n 个同质寡头厂商生产同质产品，产量为 q_i，其成本函数相同，均为 $c(q_i)$，边际成本为 $MC = c'(q_i)$。厂商 i 对其他 $n-1$ 个厂商关于自己产量变化所引起反应的不变推测 v $(v = dQ_{-i}/dq_i)$，其中 Q_{-1} 指除厂商 i 之外其他厂商的产量总和。则对于厂商 i 而言，

$$MR = p + p_Q q_i(1+v) = MC$$

在均衡中，所有厂商生产相同数量的产品，$q = q_i$，则 MR 可变为：

$$MR = p + p_Q Q\left(\frac{1+v}{n}\right) = MC$$

那么两者相比，$\lambda = \dfrac{1+v}{n}$。

[2]　Corts Kenneth S., "Conduct Parameters and the Measurement of Market Power," *Journal of Econometrics*, 1999, Vol. 88.

[3]　Lau Lawrence J., "On Identifying the Degree of Competitiveness from Industry Price and Output Data," *Economic Letters*, 1982, 10.

$Q^{-1/\lambda} r(Z) + s(Q)$ 时，才不能验证 λ，也就是说，如果反需求函数于 Z 不可分离并且 Z 的位数不小于 2 时，市场力量参数就能得到验证。

如果 λ 在原则上可得以验证，就可以利用前述方程来同时估计 λ 和边际成本。计量检验时仍面临着两个主要问题。第一，待估计方程存在内生性问题，如在 Bresnahan 的研究[1]中，

$$P = \frac{-\lambda}{\alpha_1 + \alpha_2 Z} \cdot Q + \beta_0 + \beta_1 Q + \beta_2 + \eta$$

$$Q = \alpha_0 + \alpha_1 P + \alpha_2 Y + \alpha_3 PZ + \alpha_4 Z + \varepsilon$$

其中，产量 Q 和价格 P 是内生变量。对于这一问题，就需要使用工具变量方法（如两阶段或三阶段最小二乘法）或其他方法来估计该方程系。

第二，对 λ 的估计是两个估计得出的系数的比值。在上述方法中，市场力量参数是两个所估计出系数的比值：$\hat{\lambda} = \hat{\delta}_2 / \hat{\phi}_2$，如 Zellner 所说，[2]比值的简化形式估计量具有所有阶的无穷矩而可能呈双峰分布。Zellner[3]、Shen 和 Perloff[4]讨论了几种具有可操作性的贝叶斯和极大熵的估计方法。

① Bresnahan Timothy F., "The Oligopoly Solution Concept is Identified," *Economics Letters*, 1982, 10.

② Zellner Arnold, "Estimator of Functions of Population Means and Regression Coefficients Including Structural Coefficients: A Minimum Expected Loss Approach," *Journal of Econometrics*, 1978, 8.

③ Zellner Arnold, "Estimator of Functions of Population Means and Regression Coefficients Including Structural Coefficients: A Minimum Expected Loss Approach," *Journal of Econometrics*, 1978, 8.

④ Shen Edward Z., Perloff Jeffrey M., "Maximum Entropy and Bayesian Approaches to the Ratio Problem," *Journal of Econometrics*, 2001, 104.

3.3.2　非参数和简化形式模型方法

结构性方法的主要优势在于获得对市场结构估计的同时，也对需求曲线和成本曲线进行了估计。但是，如果这些结构模型的设置失当，所得出的估计就是有偏的。为了避免对结构进行设置，很多学者采用简化形式和非参数的方法来检验非完全竞争行为，其中以 Summer[1]、Sullivan[2]、Ashenfelter 和 Sullivan[3]、Hall[4] 的方法最为有名。

非参数和简化形式模型方法一般都基于结构模型比较静态分析的定性性质。假设厂商边际成本不变，一扰动使得该边际成本上升，

---

[1]　Summer Daniel A.，"Measurement of Monopoly Behavior：An Application to the Cigarette Industry，" *Journal of Political Economy*，1981，89.

[2]　Sullivan Daniel，"Testing Hypotheses About Firm Behavior in the Cigarette Industry，" *Journal of Political Economy*，1985，93.

[3]　Ashenfelter Orley，Sullivan Daniel，"Nonparametric Tests of Market Structure：An Application to the Cigarette Industry，" *The Journal of Industrial Economics* 1987，35.

[4]　Shapiro，以及 Domowitz、Hubbard 和 Petersen 等利用了 Hall 的方法，Shapiro 讨论了这一方法的一些概念性限制以及可能的解决措施，Roeger 等进行了扩展。详见 Shapiro Matthew，"Measuring Market Power in U.S. Industry，" National Bureau of Economic Research：Working Paper No. 2212，1987；Domowitz Ian，Hubbard Glenn R.，Peterson Bruce C.，"Business Cycles and the Relationship Between Concentration and Price-Cost Margins，" *The Rand Journal of Economics*，1986，17；Domowitz Ian，Hubbard Glenn R.，Peterson Bruce C.，"Market Structure and Cyclical Fluctuations in U.S. Manufacturing，" *Review of Economics and Statistics*，1988，70；Hall Robert E.，"The Relationship Between Price and Marginal Costs in U.S. Industry，" *Journal of Political Economy*，1988，96；Roeger Werner，"Can Imperfect Competition Explain the Difference between Primal and Dual Productivity Measures？Estimates for U.S. Manufacturing，" *Journal of Political Economy*，1995，103.

如Summer[1]、Sullivan[2]、Ashenfelter和Sullivan[3]研究中所提出的税率变动。如果市场是完全竞争的，价格的变化份额就应该等于边际成本的变化份额，而如果市场并非完全竞争，则两者变化份额就不会相等，因此，在原则上，就可以通过检验价格变化比例是否与边际成本变化比例相同来验证非完全竞争行为。但不幸的是，如果没有关于市场结构的信息以规定需求曲线，这一验证也无法完成。

假定完全竞争结构的唯一备选项为完全垄断，不变边际成本（从而平均可变成本）为m，则垄断利润最大化的一阶条件为：

$$Q\,p'(Q) + p(Q) - m = 0$$

利用弹性可写作：

$$p\left[1 + \frac{1}{\varepsilon}\right] = m$$

其中，$\varepsilon = P/[QP'(Q)]$，则价格相当于边际成本的加成就仅仅取决于需求弹性。

$$\frac{p - m}{p} = -\frac{1}{\varepsilon}$$

价格关于边际成本的导数为：

$$\frac{\mathrm{d}p}{\mathrm{d}m} = \frac{\mathrm{d}p}{\mathrm{d}Q}\frac{\mathrm{d}Q}{\mathrm{d}m} = p'(Q)\,\frac{\mathrm{d}Q}{\mathrm{d}m} = \frac{p'(Q)}{2p'(Q) + Qp''(Q)}$$

当垄断者面临不变弹性需求曲线$p = AQ^{1/\varepsilon}$时，$\mathrm{d}p/\mathrm{d}m = \varepsilon/(\varepsilon - 1) > 1$，

① Summer Daniel A., "Measurement of Monopoly Behavior： An Application to the Cigarette Industry," *Journal of Political Economy*, 1981, 89.

② Sullivan Daniel, "Testing Hypotheses About Firm Behavior in the Cigarette Industry," *Journal of Political Economy*, 1985, 93.

③ Ashenfelter Orley, Sullivan Daniel, "Nonparametric Tests of Market Structure： An Application to the Cigarette Industry," *The Journal of Industrial Economics* 1987, 35.

即垄断价格提高份额大于成本增加份额；当需求曲线为 $p = \alpha - \beta Q^\delta$，其中 $\delta > 0$ 时，$dp/dm = 1/(1 + \delta) < 1$，即垄断价格增加份额只是成本增加份额中的固定部分，而且该加成与需求弹性无关；当垄断者所面临的需求曲线为 $p = \alpha - \beta \ln Q$ 时，$dp/dm = 1$，价格增加份额等于成本增加份额。因此，在没有其他信息的情况下，并不能仅仅依靠边际成本变化所引起价格变化情况来判断市场是否为完全竞争的，但这一方法关于需求方程设置所需要的信息确实比结构性模型要少。

Hall方法是基于索罗剩余 θ 的。索罗模型中，在完全竞争和不变规模报酬（CRS）情况下，索罗剩余为：

$$\Delta q_t - \alpha_t \Delta l_t = \theta + u_t$$

其中，$\Delta q_t \, (= \Delta \log [\, Q_t/K_t \,])$ 为产出资本比的增长率，$\alpha_t (= wL/pQ)$ 为劳动要素所占份额，$\Delta l_t (= \Delta \log [\, L_t/K_t \,])$ 为劳动资本比的增长率，u_t 为误差项。

假设存在一个工具变量，I 影响产出 Δq_t 和劳动量 Δl_t 但与 u 无相关关系，从而外生于方程。I 与方程右边不相关，故与方程左边也不相关。由此，Hall认为在完全竞争和不变规模报酬假设下，索罗剩余跟已知与生产率变动无关的变量之间不存在相关关系。

据此，Hall发展出了一工具变量检验：如果市场是不变规模报酬下的完全竞争情形，合适的工具变量与索罗剩余之间的相关系数接近于0，那么如果正相关就说明存在市场力量或者规模报酬递增，而后者又与完全竞争不相容。

3.4　异质产品市场力量的估计

在同质产品市场中，所有厂商都销售相同的产品，成本函数相同，这与现实相去甚远，Perloff、Karp 和 Golan 认为有三方面的原因需要将其扩展至允许多厂商多产品的情形：首先，能够更好地验证产品差异性在决定市场力量中的作用；①其次，能够验证除产品差异性之外的其他在各个市场中有所不同的因素是如何影响市场力量的；②最后，可以检验一些比单一部门情形更为复杂的假设。③

在多厂商多产品情形下研究市场力量主要使用两种方法：一种是从全结构模型中为每个厂商推导出剩余需求曲线，这些研究同时考虑需求和成本因素，直接估计市场力量或者推测变分参数；另一种是估计全需求系统和最优性条件函数，在这些研究中，常常主要着眼于对模型需求方的估计而对供给方不甚在意。

而对需求系统的设置和估计也主要有两种方法：一种是基于市场层面的数据，使用灵活性较强的函数形式并根据经济理论如可加性、对称性以及齐次性施加限制，这种方法被称为新古典需求系统

---

① 厂商使产品差异化以改变其需求曲线——向外平移或者弹性降低——以增强自身市场力量。

② 一般的，SCP 研究比较不同的市场力量或者不同的市场力量肇因，而早期的结构模型集中于单个市场，通过扩展可以估计多个市场的市场力量，可以将这种成本加成模型化为进入成本或者其他影响这种加成因素的函数。

③ 在单一部门中，经常假设所有厂商都生产同质产品，有相同的成本函数，行为模式相同，如果厂商之间存在差异，就需要说明所估计的市场力量参数反映的是平均意义上的行为。如果允许厂商之间存在差异而对每个厂商都进行估计，就能检验那些针对单一部门的假设。

估计；另一种是使用消费者数据或者其他微观数据来估计消费者需求系统，通常都不根据经济理论来施加限制，最有名的方法是使用随机效用模型。

3.4.1　剩余需求方法

众所周知，如果厂商利润最大化，那么其所具有的市场力量取决于剩余需求弹性，如果有很多厂商生产相互替代的产品，直接使用剩余需求方法就会变得非常困难——因为需要估计所有相关的自身价格弹性和交叉价格弹性。一些研究者设法只需估计市场上一部分厂商的剩余需求，如Bresnahan[1]、Baker 和 Bresnahan[2]、Spiller 和 Favaro[3]、Suslow[4]、Gelfand 和 Spoller[5]、Slade[6]。下文以 Baker 和 Bresnahan的研究为例来说明这种方法。

---

[1]　Bresnahan Timothy F.，"Departures from Marginal-Cost Pricing in the American Automobile Industry," *Journal of Econometrics*，1981，17；Bresnahan Timothy F.，"Competition and Collusion in the American Automobile Oligopoly：The 1955 Price War," *Journal of Industrial Economics*，1987，35.

[2]　Baker Jonathan B.，Bresnahan Timothy F.，"Estimating the Elasticity of Demand Facing a Single Firm，" *International Journal of Industrial Organization*，1988，6.

[3]　Spiller Pablo T.，Favaro Ewardo，"The Effects of Entry Regulation or Oligopolistic Interaction：The Uruguayan Banking Sector，" *The Rand Journal of Economics*，1984，15.

[4]　Suslow Valerie，"Estimating Monopoly Behavior with Competitive Recycling：An Application to Alcoa，" *The Rand Journal of Economics*，1986，17.

[5]　Gelfand Matthew D.，Spoller Palbo T.，"Entry Barriers and Multiproduct Oligopolies：Do They Forebear or Spoil，" *International Journal of Industrial Organization*，1987，5.

[6]　Slade Margaret，"Interfirm Rivalry in a Repeated Game：An Empirical Test of Tacit Collusion，" *Journal of Industrial Economics*，1987，35.

厂商 i 所面临的反需求曲线为：

$$p_i = D(q_i, Q_{-i}, Z)$$

其中，Z 为外生需求变量，Q_{-i} 为 q_i 所有替代品的产量向量，包括该行业中其他厂商的产量以及其他行业的产量。

厂商 i 面临的边际成本为 $MC_i(q_i, W, w_i)$，其中，W 为行业通用要素的价格向量，w_i 为未包含在 W 的厂商特有要素的价格向量。其他厂商的最优行为是使边际成本和有效边际收入（EMR）相等：

$$EMR_j(q_j, Q_{-j}, Z, \lambda_j) = MC_j(q_j, W, w_j)$$

其中，λ_j 是表示寡头解的行为参数，也决定了厂商的推测变分 $\partial q_k / \partial q_j$。

$$EMR_j(q_j, Q_{-j}, Z, \lambda_j) = p_j + q_j \sum_k (\partial q_j / \partial q_k)(\partial q_k / \partial q_j)$$

通过估计方程就能得到每个厂商的行为参数 λ_i，不过这会涉及大量的方程而往往不可取。

3.4.2 新古典需求系统

在过去几十年里，许多研究使用市场层面数据来估计差异化产品需求系统，如 Bresnahan[1] 对汽车行业的研究，Hausman[2] 对食品行

① Bresnahan Timothy F., "Three Essays on the American Automobile Oligopoly," Princeton University, Doctoral Dissertation, 1980; Bresnahan Timothy F., "Departures from Marginal-Cost Pricing in the American Automobile Industry," *Journal of Econometrics*, 1981, 17; Bresnahan Timothy F., "Competition and Collusion in the American Automobile Oligopoly: The 1955 Price War," *Journal of Industrial Economics*, 1987, 35.

② Hausman Jerry, "Valuation of New Goods Under Perfect and Imperfect Competition," In Bresnahan T., Gordon R., eds., *The Economics of New Goods*, Chicago: University of Chicago Press, National Bureau of Economic Research: Studies in Income and Wealth, 1997, 58.

业的研究等。

在这种方法中，估计需求方程式时会涉及根据经济理论所得出的限制条件。基于对需求曲线的估计以及关于成本曲线的信息，就可以运用所估计的需求弹性来确定市场力量。

一种途径是同时估计若干种商品的需求系统、每种商品的边际成本函数和市场力量参数。如果设置适当，由于可以利用由需求理论所得信息，如价格齐次性限制以及误差项相关性等，使用系统方法比为每种商品单独估计需求曲线更为有效。

其基本思想在于研究者为n种商品设定需求函数和最优性方程，这n个需求函数并不能构成一个完整的需求系统，因为单个需求函数并不包括其他商品的信息，也就是说有些商品之间是不相关的，既不是替代品，也不是互补品。这$2n$个方程相当于同质产品市场力量估计中两个方程结构模型的扩展。

经典的需求函数设置方法有多层次需求函数方法和空间差异模型方法。在Hausman等[1]、Hausman[2]对食品业的研究，Hausman和Leonard[3]对厕纸的研究中，均采用了多层次需求函数方法。在多层次需求函数方法中，将商品进行分类，假定消费者要进行一系列的抉择。如在Hausman对食品业的研究中，消费者先决择是购买食品

---

[1] Hausman Jerry A., Leonard Gregory K., Douglas Zona J., "Competitive Analysis with Differentiated Products," *Annales d' Economie et de Statistique*, 1994, 34.

[2] Hausman Jerry, "Valuation of New Goods Under Perfect and Imperfect Competition," In Bresnahan T., Gordon R., eds., *The Economics of New Goods*, Chicago: University of Chicago Press, National Bureau of Economic Research: Studies in Income and Wealth, 1997, 58.

[3] Hausman Jerry A., Leonard Gregory K., "The Competitive of a New Product Introduction: A Case Study," *Journal of Industrial Economics*, 2004, 50.

还是其他商品，然后抉择购买食品产品的类别，如是儿童食品还是成人食品，最后抉择具体的哪种食品，如是成人食品中的玉米饼还是其他。这样儿童食品与成人食品的需求之间不存在相关关系，可以极大地减少需求函数的复杂性从而减少计量检验的复杂性。Bresnahan 在对汽车行业的系列研究中使用了空间差异模型。[①]在空间差异模型中，商品或者商店所拥有的消费者分布在左右两个区域，一种商品的需求曲线只与相邻的两种商品有关，而与其他商品不直接相关，Bresnahan 将汽车按性能排成一个序列（从低到高），并且消费者按照其效用函数和收入约束分布在这个序列上，消费者只需要在两种商品之间进行选择（在序列中，处于第一种汽车之前的消费者选择购买第一种汽车或者不购买，处于最后一种汽车之后的消费者选择购买最后一种汽车或者不购买）。空间差异模型的使用，也可以极大地减少所设置需求函数的复杂性从而降低计量检验的复杂性。

3.4.3 随机参数模型

在新古典需求系统中，研究者能够观测到差异商品的特征或者消费者的特征，但有时研究者知道消费者的选择会随个体的不同而不同，其并不能获得个体选择的信息或者个体特征，只能得到消费者加总的消费信息，这时需求函数所依赖的一些产品特征就不能被

---

① Bresnahan Timothy F., "Three Essays on the American Automobile Oligopoly," Princeton University, Doctoral Dissertation, 1980; Bresnahan Timothy F., "Departures from Marginal-Cost Pricing in the American Automobile Industry," *Journal of Econometrics*, 1981, 17; Bresnahan Timothy F., "Competition and Collusion in the American Automobile Oligopoly: The 1955 Price War," *Journal of Industrial Economics*, 1987, 35.

观测到，需要使用随机参数来刻画那些不能被观测的产品特征的效应。

在Perloff和Salop[1]的模型中，消费者j的条件间接效用函数为：

$$\tilde{V}_{ij} = a - p_i + \theta\zeta_{ij}$$

其中，a为产品的特性或质量（所有商品初始值都相同），p_i为厂商i产品的真实价格（最初每个厂商只生产一种商品），ζ_{ij}为均值为0的随机变量而θ为偏好密度：θ值越高，价格在决定消费者购买哪种商品时的权重越小。这样就用随机参数θ来表示不能被观测的消费者的个体特征。

根据消费者的随机条件间接函数就可以求得某种商品在某个消费者支出中所占份额，如在Anderson、de Palma和Thisse[2]中份额方程为：

$$\tilde{S}_{ij} = \frac{e^{(X_i\beta - p_i + \varepsilon_{ij})/\mu}}{\sum_{l=1}^{n} e^{(X_i\beta - p_i + \varepsilon_{ij})/\mu}}$$

加总关于消费者的偏好参数ε_{ij}就可得到某种商品的需求函数：

$$S_i = \int \tilde{S}_{ij} f(\varepsilon) d\varepsilon$$

那么，商品i的自身价格弹性和交叉价格弹性分别为：

$$E_{ii} = \frac{p_i}{\mu S_i} \int \tilde{S}_{ij}(\tilde{S}_{ij} - 1) f(\varepsilon) d\varepsilon$$

$$E_{ik} = \frac{p_k}{\mu S_i} \int \tilde{S}_{ij} \tilde{S}_{kj} f(\varepsilon) d\varepsilon$$

---

[1] Perloff Jeffrey M., Salop Steven C., "Equilibrium with Product Differentiation," *Review of Economic Studies* 1985, 52.

[2] Anderson Simon P., de Palma Andre, Thisse Jacques-Francois, *Discrete Choice Theory of Product Differentiation*, Cambridge, Mass: MIT Press, 1992.

这样就能够根据随机效用模型利用消费者数据来估计商品的需求函数和市场力量。

3.5 新经验产业组织的意义、缺陷和发展趋势

20世纪70年代产生至今，新经验产业组织不断地发展和完善，对产业组织及相关领域（如反托拉斯领域、政府管制等）产生了深刻的影响。首先，在理论上，如果说理论的正误不能由其实践检验结果来判断的话，那么新经验产业组织在识别理论的使用范围方面起到了相当重要的作用。在产业组织理论领域，同一个问题常常存在结论截然相反的理论，那么具体行业适用于哪种理论，就需要进行经验研究，新经验产业组织在这方面发挥了巨大作用。其次，在实践中，某一行业是否存在市场力量？如果存在的话，大小如何，影响因素是哪些？这些问题的解决，离不开新经验产业组织的发展。在对政策效果进行预判时，常常使用新经验产业组织中的结构模型进行数字模拟，这些问题的解决也离不开新经验产业组织的发展。

经过多年的发展，新经验产业组织取得了长足的进步，但仍然存在很多缺陷。首先，最致命的是，新经验产业组织所进行的经验检验不论取得多高的显著程度和拟合优度，其本身仍然是对事实真相的计量检验，其并不能证明自身的正确性，在判别一种结果和另一种结果之间谁正谁误时，其无能为力，Corts正是基于此提出了批评。[1]

---

[1] Corts 将采用了大量的真实数据进行计量所得的结果作为参照对象，将其与使用新经验产业组织方法所得结果进行对比，发现使用新经验产业组织方法会低估市场力量，但是这种低估程度是很微小的。详见 Corts Kenneth S.，"Conduct Parameters and the Measurement of Market Power，" *Journal of Econometrics*，1999，Vol. 88。

目前存在两种解决途径。一种是利用能够取得的可信赖的成本信息对计量结果进行对比，如Genesove和Mullin[①]对美国糖业中存在的市场力量进行估计时，就运用了直接成本数据作为对比。另一种是进行数字模拟，力求使得计量结果不会随着模型参数设置的变化而发生明显变化，如Hyde和Perloff[②]对买方垄断市场进行了数字模拟等。其次，使用新经验产业组织中的结构方法，需要对模型进行较多的设置，而且经验检验的结果一般都严重依赖于这些模型设置，一旦模型设置出现问题，检验结果也相应的出现问题。而在非参数估计中，尽管对模型所作假设不多，但往往能判断的只是所考察市场是否为完全竞争市场。另外，在使用新经验产业组织方法时，估计的厂商行为都是潜在的假定在每个时期都是均衡状况下厂商所采取的行为，也就是说潜在的假定厂商所进行的是重复博弈，而未能考虑更为复杂的动态博弈，后者需要对厂商进行博弈所采取的策略进行估计，目前这方面的研究并不多见。

在SCP研究范式产生之前就有对产业的案例研究，SCP研究范式的诞生开了对产业规范研究的先河。NEIO在确保规范性的同时，对单个行业进行案例研究，因此最乐观的说法是：NEIO集产业组织经验研究两大传统——SCP和案例研究——的精华于一身。[③]从早前

---

① David Genesove, Mullin Wallace P., "Testing Static Oligopoly Models: Conduct and Cost in the Sugar Indstry, 1890-1914," *The RAND Journal of Economics*, 1998, Vol. 29 (2).

② Hyde Charles E., Perloff Jeffrey M., "Can Monopsony Power be Estimated?" *American Journal of Agricultural Economics*, 1994, 76.

③ Bresnahan Timothy F., "Empirical Studies of Industries with Market Power," in Handbook of Industrial Organization, Volume Ⅱ, Ch.17, North-Holland, 1989.

的案例研究到 SCP 的跨行业研究再到 NEIO 的案例研究这样一个循环来看，NEIO 在坚持对单个产业进行研究的同时，也在逐渐寻求行业间市场力量决定因素的共同之处，这是 NEIO 的发展趋势之一。在 NEIO 研究中，从市场力量到行为再到策略，随着一步步打开企业的黑匣子，在未来 NEIO 研究会更多地被用于估计厂商确定行为时所采取的策略，这是 NEIO 的另一发展趋势。

第4章　新经验产业组织的产生根源

作为一种经验研究方法，新经验产业组织的形成需要三个方面的支撑：理论基础、计量工具和社会背景。在本章将会看到，推测变分具有良好的理论计量兼容性，这给新经验产业组织的产生带来极大的便利，且一旦社会上需要这种经验研究方法出现，新经验产业组织也很好地适应了这种需求。

4.1　新经验产业组织的理论和计量基础

新经验产业组织的基本思想是计量检验代表市场力量的参数，这一参数在很多时候被称作行为参数，而Just和Chern[1]、Bresnahan[2]和Lau[3]提出使用行为参数 λ 以包罗所有市场结构，这标志着新经验产业组织研究的正式崛起。而早在1974年，Iwata就提出通过推测变

① Just Richard E., Chern Wen S., "Tomatoes, Technology, and Oligopsony," *Bell Journal of Economics and Management Science*, 1980, 11.

② Bresnahan Timothy F., "The Oligopoly Solution Concept is Identified," *Economics Letters*, 1982, 10.

③ Lau Lawrence J., "On Identifying the Degree of Competitiveness from Industry Price and Output Data," *Economic Letters*, 1982, 10.

分来估计市场力量，用以弥补在传统产业组织经验研究中范式SCP存在的缺陷，1977年Anderson认为市场绩效与推测变分之间存在简单的关系：当推测变分大于0时，厂商行为是模仿型的，也就是说厂商之间存在合谋；当推测变分等于0时，厂商行为是古诺型的；当推测变分小于0时，厂商行为是自适应的（Adaptive Behavior）。因此，很有必要知道推测变分到底是什么，这一点在国内的研究中很少涉及，即使在国外，使用行为参数之后，研究者对行为参数背后的推测变分也是无暇顾及，因此，本节主要阐述推测变分究竟为何，其在理论上和计量有哪些性质，使得本书认为推测变分是新经验产业组织的理论和计量基础。

4.1.1　推测变分的产生

推测变分（Conjectural Variation，CV）是指在与对手竞争时，厂商关于自己决策变量的变动会引起竞争对手决策变量的反应程度的推测。这一思想首先出现在Bowley的研究①中，然后由Frisch正式的表述出来②。鉴于在这两位先驱者所处的年代，数学表达形式尚未

---

① Bowley在研究中提出的数学表达式 $D_{x_2}(x_1)$，表示的是厂商1产量 x_1 关于厂商2产量 x_2 的导数。Bowley认为均衡结果的求解依赖于每个生产者关于其他人可能会怎么做的设想，并提出由每个厂商的边际价格等于销售价格（Marginal price for each=selling price）所确定价格的邻域可能存在一些波动。详见 Bowley A.L., *The Mathematical Groundwork of Economics*, Oxford University Press, Oxford, 1924。

② Frisch在研究中使用的是推测弹性以区别于真实发生的实际弹性，表达形式为 $z_{ij}^{hk} = \dfrac{dz_i^h}{dz_j^k}\dfrac{z_j^k}{z_i^h}$，这与后人使用的推测变分形式有所不同，但其思路被后人所继承。Frisch R., "Monople, Polypole-Lanotion de Force Economie," *National Konomisk Tidskrift*, 1933, Vol.71, Reprinted "Monopoly, Polypoly: The Concept of Force in the Economy," in *International Economic Papers*, 1951, Vol.1.

统一，在后人的研究中，一般采用另一种标准的表述方法，如在Perry的研究①中，将同质产品产量竞争模型作为基准，推测变分表述为：

$$\delta = \frac{d(\sum_{i \neq j} X_i)}{dX_j}$$

其中，X_i表示厂商i的产量，δ表示的是厂商j关于自己产量变化会引起其他竞争对手产量调整幅度的推测。δ的取值范围为$[-1, m-1]$。当$\delta = -1$时，市场竞争形式为完全竞争，厂商j增加一单位产量会使得其他厂商总计一单位产量的减少；当$\delta = 0$时，市场竞争形式为古诺竞争，即厂商j认为，自己产量的增减不会引起其他厂商产量的变化；当$\delta = m-1$时，市场竞争形式为完全合谋，即厂商j的产量变化会引起其他厂商同样幅度的产量变化。这样，推测变分通过不同的取值覆盖了从完全竞争到完全合谋这一相当大的范围。

推测变分的出现，给出了古诺（1838）难题的一种解决方法。在古诺的研究②中使用了双寡头模型，模型中两个厂商在确定自己产量时都假定其他厂商的产量不变，从而在进行一系列调整之后市场达到均衡。从Bowley③以及庇古④的《福利经济学》起，人们开始认识到古诺形式的双寡头反应函数需要进行推测解释。问题的关键在

① Perry Martin Kent, "Oligopoly and Consistent Conjectural Variations," *The Bell Journal of Economics*, 1982, Vol. 13, No.1, Spring.
② 〔法〕奥古斯丹·古诺：《财富理论的数学原理的研究》，陈尚霖译，商务印书馆，1994。
③ Bowley A. L., *The Mathematical Groundwork of Economics*, Oxford University Press, Oxford, 1924.
④ 〔英〕阿瑟·塞西尔·庇古：《福利经济学》，金镝译，华夏出版社，2013。

于，调和反应函数与古诺模型的静态设置，前者往往被看成动态概念，而后者混淆了只进行一次的同时博弈的静态构建与序贯博弈的动态描述。在古诺模型中，每个厂商不断行动、反应以及相应的反应，序贯博弈能够更好地进行描述。特别地，古诺的反应函数被看成一个静态概念，而每个厂商关于其他厂商实际产量的信息只能在序贯博弈中才能出现。古诺模型最受诟病的是其对厂商行为的假设——每个厂商在行动时认定竞争对手不会对自己行动做出反应，但在古诺的拟动态描述中，每个厂商不可避免地会认识到其竞争对手绝不会是消极的而是会针对自己的行动做出反应的。这种假设以及静态动态之间的复杂关系给人们造成了极大困难，Bowley 和庇古通过强调反应函数的推测性质来试图解决这些难题：前者通过引入推测变分而对古诺的假设进行推广，后者则是强调在任何寡头设置中心理特征的作用。但是如前所述，这两扇对心理变量敞开的大门有一个主要的缺陷——双寡头均衡的不确定性，因为其使得介于完全竞争和垄断之间的所有市场结果都成为可能。①

推测变分的引入可以看作是一把双刃剑。一方面，证实了古诺模型结果的不确定性，②实际上是庇古的观点的数学形式表达。庇古认为，每个厂商关于竞争对手的行为的推测可以是任意的，因此双寡头均衡注定是不确定的。另一方面，呼吁对厂商推测赋予特定值，从而在所考察的特定案例中这些均衡结果无疑是具有确定性

---

① 更详细的论述，可以参见 Nicola Giocoli, "The Escape from Conjectural Variations: The Consistency Condition in Duopoly Theory from Bowley to Fellner," *Cambridge Journal of Economics*, 2005, 29。

② Jean Magnane Bornier J., "The 'Cournot-Bertrand Debate': A Historical Perspective," *History of Political Economy*, 1992, Vol. 24, No.3.

的。而事先的不确定性也为经验研究提供了便利，可以利用经验研究确定推测变分的某一个特定值，而该特定值是与某个市场竞争程度相对应的，这就为市场竞争程度的经验研究提供了理论指导和经验工具。

但是推测变分也不是没有缺陷的，首先，由于厂商所推测的竞争对手反应与实际发生的情况并不一致，即使市场出现均衡，也会出现如Fellner所说的厂商"误打正撞"现象。①其次，推测变分通过引入心理变量使得其能够覆盖相当大一部分范围的市场竞争情况，这就牺牲了其预测能力，按照波普尔的可证伪性判断标准或者弗里德曼的实证经济学准则，人们对推测变分的满意程度很低。最后，推测变分通过引入心理变量将古诺的动态调整过程处理作一种发生在行为人内心的心理实验，并直接面对的是市场均衡的结果，从而对市场趋于均衡的过程难以进行解释。这使得许多新古典经济学家不愿意使用推测变分这种工具。②

由于推测变分均衡的不确定性，以及推测变分与竞争对手实际反应在本质上的不一定吻合性质，人们开始探讨如何对推测变分均衡施加一定的限制条件（一致性条件或被称作理性条件），以使推测变分均衡具有一致性或者是理性的。所谓一致性推测变分，是指参与者关于自己变量变动所导致竞争对手反应的推测与竞争对手实际

---

① Fellner W., *Competition Among the Few*, New York：Knopf, 1949.
② Nicola Giocoli, "'Conjecturizing' Cournot: The Conjectural Variations Approach to Duopoly Theory," *History of Political Economy*, 2003, 35（2）.

反应是相同的，可以表述为[1]：

$$\frac{dX_0(\frac{X}{m}; \quad m, \ \delta)}{dX_j} = \delta$$

其中，$X_0(\frac{X}{m}; \quad m, \ \delta)$ 为其他厂商的产量，在对称均衡中，其他厂商的产量函数是市场上所有厂商平均产量的函数，而厂商个数和推测变分作为该产量函数的参数进入函数。

引入一致性推测变分概念使得推测变分均衡的范围缩小，但是，其本质——将原本为动态过程的市场调整过程处理成静态概念——仍然没有变化，对此，推测变分拥护者认为推测变分是动态相互作用的静态结果。在博弈论中无名氏定理认为在无限期的重复博弈下，从古诺均衡到完全合谋的所有均衡结果都可能发生，这种均衡结果与某一给定推测变分值的静态均衡结果是相同的。Cabral 认为，在线性寡头中，这种对应关系实际上是在 T 期最小/最大惩罚策略下产量设定重复博弈下成立的；[2]而 Dockner 考虑了动态寡头竞争与静态推测变分均衡之间的关系，发现稳态开环均衡与静态古诺解相吻合，

---

[1] 与上文相对应，仍然使用 Perry 所定义的一致性推测变分概念，详见 Martin K. Perry，"Oligopoly and Consistent Conjectural Variations，" *The Bell Journal of Economics*，1982，Vol. 13，No.1，Spring。数学程度更高的表述方法，可以参见 Charles Figuieres，Alain Jean-Marie，Nicolas Querou，Mabel Tidball，"The Theory of Conjectural Variations，" World Scientific，2003。另外，一致性还可分为全局一致性和局部一致性。全局一致性是指推测变分在保持与实际反应相一致的同时并不随着时间的变化而变化，而在整个时间范围内为常数；而局部一致性则是指在某个时点推测变分与实际反应相一致，但是随着时间的变化，推测变分的值可能会发生变化。

[2] Cabral Luís M. B.，"Conjectural Variation as a Reduced Form，" *Economics Letters*，1995，Vol. 49.

但稳态完美均衡与之并不吻合。动态博弈的稳态完美均衡可以看作是相对应静态博弈的推测变分均衡，因此，在极端情况下，静态推测变分分析近似于长期动态相互作用。因而，本书的发现可以为静态推测变分分析用于模型化动态相互作用提供一些辩护。

到此，推测变分本身的理论体系已经完成。综观推测变分理论的发展历程可以发现，推测变分首先通过引入心理因素将古诺的动态调整过程处理成一种心理实验，从而解决了古诺均衡的存在性问题，然后通过一致性条件的限制使得推测变分与其他厂商实际反应相一致从而确保推测变分均衡的理性基础。

在发展一致性推测变分的同时，人们也关注其他决策变量的推测变分，如价格推测变分、广告推测变分、研发推测变分等，基本上囊括产业组织领域厂商的所有决策变量。作为与产量推测变分相对应的价格推测变分，引起了人们的广泛关注。Mulligan 和 Fik[1]讨论了空间竞争模型中不对称价格推测变分的情况，Kamien 和 Schwartz[2]在差异化产品对称均衡中证明了在市场结果（价格和产量）意义上等价的价格推测变分和产量推测变分之间的关系：

$$1 - m = (1 - k)(1 - Z) / [1 + (n - 1)kZ]$$

其中，$Z = P_2/P_1$，$0 < Z < 1$，m 为价格推测变分，k 为相应的产量推测变分。在他们的简单模型中，这一关系在参数上依赖于竞争对手的数量和对产品差异程度的认知。在极限情形下，如果

① Mulligan Gordan, Fik Tim, "Price Variation in Spatial Markets: The Case of Perfectly Inelastic Demand," *The Annals of Regional Science*, 1989, 23（3）.

② Kamien Morton I., Schwartz Nancy L., "Conjectural Variations," *The Canadian Journal of Economics*, 1983, Vol.16（2）.

$k = 1$，那么 $m = 1$。如果厂商预期产出上的调整会被完全地模仿，那么这就隐含着其价格调整行为会也被完全地模仿，反之亦然。在另一极端，如果 $k = -1/(n - 1)$，那么 $m = -1/(n - 1)$。如果每个厂商都相信其产量的增加会刚好被其他竞争对手产量减少所抵消从而使得行业产量不变，那么其也就潜在地假设其价格的增加会被竞争对手价格的降低所抵消从而使得行业销售量保持不变。

4.1.2 推测变分的特点：与博弈论相比较

推测变分方法和博弈论方法同属于研究行为人之间相互作用的方法，1924 年，Bowley 的研究宣告了推测变分理论的正式诞生；1928 年，冯·诺依曼证明了博弈论的基本原理，宣告了博弈论的正式诞生。1944 年，冯·诺依曼和摩根斯坦的《博弈论与经济行为》将两人博弈推广至多人博弈情形并将博弈论系统应用于经济领域，奠定了这一学科的基础和理论体系。

在解决古诺①提出的经济稳定性难题时，推测变分方法通过引入心理变量将古诺的动态调整过程转变为静态情形，即将在现实中发生的不断试错的过程转换为行为心理实验的过程，这种方法被后人称作心理方法；而另一种方法则是考察对需求和成本函数需要施加什么样的限制，才能使经济增长在古诺的动态调整过程中趋于稳定，这种方法则被称作机制方法。那么推测变分与博弈论相较而言，两者的根本差别在于对这两种思路的继承。推测变分先通过引入心理变量考察均衡状态，然后要求行为人推测与实际相一致以实现均衡

---

① 〔法〕奥古斯丹·古诺：《财富理论的数学原理的研究》，陈尚霖译，商务印书馆，1994。

的一致性；而博弈论则是通过对行为人策略集、信息集以及支付函数的规定，使行为人之间相互作用（这里的相互作用并不一定如古诺①那样为实际的动态调整过程，也可以是存在于行为人头脑中的实验过程，在静态博弈中尤其如此），从而实现经济增长趋于均衡，均衡概念本身就包含一致性的设定。这种差别导致了推测变分方法与博弈论方法之间存在以下不同。

一是推测变分均衡本身并不存在一致性，因此需要通过要求行为人的推测与竞争对手的实际反应相一致来实现均衡的一致性，而博弈论均衡概念本身就蕴含着一致性要求，行为人在均衡处都不愿意改变自己的行为。

二是推测变分对行为人的信息集和策略集并没有严格的要求，而博弈论则需要详细规定行为人的信息集和策略集。

三是推测变分对行为人的行动次序并没有严格的要求，而博弈论则需要严格规定行为的行动次序，推测变分是直接考察市场均衡，博弈论则是主要着眼于行为人的相互作用过程。行动次序对行为人的信息集有着显著的影响从而在博弈论中处于重要的地位。

以上区别使得推测变分在处理动态相互作用、有限信息有限理性问题上相对于博弈论更为便利。

4.1.3　推测变分在理论研究中的作用

4.1.3.1　推测变分作为动态相互作用的简化形式

推测变分可以作为动态相互作用的简化形式，而这种简化可以

---

① 〔法〕奥古斯丹·古诺：《财富理论的数学原理的研究》，陈尚霖译，商务印书馆，1994。

为研究行为人之间的动态相互作用提供极大的便利，这使得推测变分得到了广泛的应用，如Itaya和Shimomura[1]、Itaya和Okamura[2]对公共品私人供给的研究；Dockner[3]、Driskill和McCafferty[4]、Cabral[5]对寡头的研究；Wildasin[6]、Figuieres[7]对公共设施竞争的研究等。

4.1.3.2 动态设置下的一致推测变分

在Fershtman和Kamien的模型中，将推测变分与推测变分均衡引入微分博弈理论，[8]从而为微分博弈中开环均衡和闭环均衡提供了一个新的解释：开环纳什均衡为弱控制一致性推测均衡，而弱控制一致性推测均衡为闭环无记忆均衡。

Laitner模型为离散时间无限规划区间的两人重复博弈模型，[9]同

---

[1] Itaya J. I., Shimomura K., "A Dynamic Conjectural Variations Model in the Private Provision of Public Goods: A Differential Game Approach," *Journal of Public Economics*, 2001, Vol. 81.

[2] Itaya J. I., Okamura M., "Conjectural Variations and Voluntary Public Good Provision in a Repeated Game Setting," *Journal of Public Economic Theory*, 2003, Vol. 5 (1).

[3] Dockner Engelbert J., "A Dynamic Theory of Conjectural Variations," *The Journal of Industrial Economics*, 1992, Vol. 40 (4).

[4] Driskill R. A., McCafferty S., "Dynamic Duopoly with Adjustment Costs: A Differential Game Approach," *Journal of Economic Theory*, 1989, Vol. 49.

[5] Cabral Luís M. B., "Conjectural Variation as a Reduced Form," *Economics Letters*, 1995, Vol. 49.

[6] Wildasin D.E., "Some Rudimentary 'Duopolity Theory'," *Regional Science and Urban Economics*, 1991, Vol. 21.

[7] Figuieres C., "Complementarity, Substitutability and the Strategic Accumulation of Capital," *International Game Theory Review*, 2002, Vol. 4.

[8] Fershtman C., Kamien M.I., "Conjectural Equilibrium and Strategies Spaces in Differential Games," *Opt. Control Theory and Economic Analysis*, 1985, Vol. 2.

[9] Laitner J., "Rational Duopoly Equilibria," *The Quarterly Journal of Economics*, 1980.

时考虑到跨期调整成本，该模型中存在无限多个推测变分均衡。

Friedman考虑了离散时间无限规划区间的 n 人博弈模型。[①]
Friedman先考虑了有限规划区间的最优控制问题，然后将时间推向无穷从而得到无限规划区间情形的结果。其总结了最优有限规划区间反馈控制趋向最优静态反馈控制的条件，也证明了反馈均衡弱形式的存在性。

4.1.3.3 动态推测变分、不完全信息与学习

目前，对有限信息有限理性的处理还没有统一的框架，可能的框架有推测变分模型和进化模型。在推测变分方面，Itaya和Dasgupta[②]、Friedman和Mezzetti[③]、Jean-Marie和Tidball[④]做出了突出贡献。

在Itaya和Dasgupta[⑤]模型中，行为人的推测随着时间的推移而发生变动，在每一时点，行为人在给定对其他行为人的推测情况下选择最优反应。实际的最优反应可能与其推测的反应函数并不一致，行为人根据推测最优反应与实际最优反应之间的差异对自己的推测进行调整，所得出的调整过程类似"蛛网"模型而收敛于纳什均衡。

① Friedman Richard B., "Unionism, Price-Cost Margins and the Return on Capital," National Bureau of Economic Research: Working Paper No.1164, 1983.

② Itaya J.I., Dasgupta D., "Dynamics, Consistent Conjectures, and Heterogeneous Agents in the Provision of Public Goods," *Public Finance*, 1995, Vol. 81.

③ Friedman J.W., Mezzetti C., "Bounded Rationality, Dynamic Oligopoly, and Conjectural Variations," *Journal of Economic Behavior and Organization*, 2002, Vol. 49.

④ Jean-Marie A., Tidball M., "Adapting Behaviors through a Learning Process," LAMETA Working Paper DT 2002-10, University of Montpellier, 2002.

⑤ Itaya J.I., Dasgupta D., "Dynamics, Consistent Conjectures, and Heterogeneous Agents in the Provision of Public Goods," *Public Finance*, 1995, Vol. 81.

Friedman 和 Mezzetti[1]提出了折现重复博弈。在该模型中，在两个时间段之间，行为人推测竞争对手的反应是自身策略的变分。在给定这一推测下，存在一最优静态反馈策略，这一反馈规则可以得出一动态策略系统。在适当的条件下，t时所采用的策略收敛至某一极限。在伯川德寡头情形中，这一极限对应于相应静态博弈的推测变分均衡，此时折现系数趋近于1，并且对于每一折现系数，静态策略对应着一个常数推测变分均衡，此处的推测变分可以通过一定方式求出。

在 Friedman 和 Mezzetti[2]的基础上，Jean-Marie 和 Tidball[3]提出了一个离散时间学习模型，其中参与者关于其他参与者的推测是线性的。参与者一步一步地最优化其推测支付函数，并试图了解其竞争对手线性推测的斜率，这就是推测的动态调整过程。在支付函数、学习参数和参照点满足一定条件的情况下，在古诺和伯川德双寡头情形下，这一过程的稳态厂商策略趋向于卡特尔解。

另外，其他一些研究者试图探讨静态博弈的推测变分均衡与进化博弈之间的关系。在 Dixon 和 Somma[4]、Müller 和 Normann[5]的研

---

[1] Friedman J. W., Mezzetti C., "Bounded Rationality, Dynamic Oligopoly, and Conjectural Variations," *Journal of Economic Behavior and Organization*, 2002, Vol. 49.

[2] Friedman J. W., Mezzetti C., "Bounded Rationality, Dynamic Oligopoly, and Conjectural Variations," *Journal of Economic Behavior and Organization*, 2002, Vol. 49.

[3] Jean-Marie A., Tidball M., "Adapting Behaviors through a Learning Process," LAMETA Working Paper DT 2002-10, University of Montpellier, 2002.

[4] Dixon H., Somma E., "The Evolution of Consistent Conjectures," *Journal of Economic Behavior & Organization*, 2003, Vol.51.

[5] Müller W., Normann H. T., "Conjectural Variations and Evolutionary Stability: a new Rationale for Consistency," Manuscript, 2002.

究中都使用了线性二次型模型，即需求函数是线性的，厂商的成本是二次型的。厂商的成本函数为如下形式：

$$V^i(e_i, \ e_j) = (a - be_i - \tau e_j)e_i - \frac{c}{2}e_i^2$$

两者都认为通过直接计算，如果 $c > 0$，唯一的稳定进化策略就是其静态博弈的推测变分策略。当成本是线性的（$c = 0$），Dixon 和 Somma[1]认为尽管存在一致推测变分均衡，但是并不存在稳定进化策略，而此时一致推测变分均衡就是伯川德解。

4.1.4　推测变分在经验研究中的作用

推测变分由于能够囊括从完全竞争到垄断的所有市场结构，在招致批评的同时，也引起了经验研究学者的广泛关注。目前在对市场力量的经验研究中常用的方法有两种：一种是 Non-nested 模型，即首先根据若干种特殊理论模型得出市场力量的若干个参数，然后用数据进行验证，选择最适合数据的模型，以此描述市场力量的实际情况；另一种就是行为参数模型，即首先使用行为参数，实际上仍然是推测变分，然后应用结构模型对该行为参数进行估计，得出推测变分的一个具体值，以此值表示市场力量的大小。需要注意的是，此处所使用的行为参数与标准的推测变分有一定的差别，标准的推测变分强调的是厂商关于自己变量变动对其他厂商影响的推测，而行为参数强调的是厂商产量变动对市场上每个厂商的平均变动情况的影响，表达式为：

---

① Dixon H., Somma E., "The Evolution of Consistent Conjectures," *Journal of Economic Behavior & Organization*, 2003, Vol.51.

$$\lambda = \frac{1 + \delta}{n}$$

其中，λ 为行为参数，δ 为推测变分，这样在标准的推测变分模型中，δ 的取值范围是 $[-1, \ n-1]$，而行为参数 λ 的取值范围是 $[0, \ 1]$，当 $\lambda = 0$ 时，市场为完全竞争情形；当 $\lambda = \frac{1}{n}$ 时，市场为古诺竞争情形；当 $\lambda = 1$ 时，市场为垄断或者默契合谋情形，分别与 $\delta = -1, \ 0, \ n-1$ 相对应。

新经验产业组织的标志之一就是使用行为参数利用结构模型对市场力量进行估计。早在 1974 年，Iwata 就提出通过推测变分来估计市场力量，用以弥补在传统产业组织经验研究中范式 SCP 存在的缺陷。[①] 1977 年 Anderson 认为市场绩效与推测变分之间存在简单的关系：当推测变分大于 0 时，厂商行为是模仿型的，也就是说厂商之间存在合谋；当推测变分等于 0 时，厂商行为是古诺型的；当推测变分小于 0 时，厂商行为是自适应的。而 Just 和 Chern[②]、Bresnahan[③] 和 Lau[④] 提出使用行为参数 λ 以包罗所有市场结构，标志着新经验产业组织研究的正式崛起。

在典型的结构性模型中，有两个基本方程：需求方程和边际成

① 详见 Iwata Gyoichi, "Measurement of Conjectural Variations in Oligopoly," *Econometrica*, 1974, 42。另外，关于传统 SCP 范式存在的缺陷，可以参考 Perloff M. Jeffrey, Larry S. Karp, Amos Golan, *Estimating Market Power and Strategies*, Cambridge University Press, 2007。

② Just Richard E., Chern Wen S., "Tomatoes, Technology, and Oligopsony," *Bell Journal of Economics and Management Science*, 1980, 11.

③ Bresnahan Timothy F., "The Oligopoly Solution Concept is Identified," *Economics Letters*, 1982, 10.

④ Lau Lawrence J., "On Identifying the Degree of Competitiveness from Industry Price and Output Data," *Economic Letters*, 1982, 10.

本方程。市场（或厂商）所面临的反需求函数为：

$$p = p(Q, Z)$$

其中，p 为价格，Q 为产量，Z 为影响行业需求曲线但不影响边际成本的外生变量。边际成本曲线为：

$$MC = g(Q, w)$$

其中，w 为影响"行业"边际成本但不影响需求函数的外生变量。有效边际收入方程为：

$$MR(\lambda) = p + \lambda p_Q(Q, Z)Q$$

最优条件或者均衡条件为行业的有效边际收入等于其边际成本：

$$MR(\lambda) = p + \lambda p_Q(Q, Z)Q = MC(Q, w)$$

这样基本的模型由两个方程组成，一个是需求方程，另一个是最优条件方程。

如果市场是完全竞争型的，那么均衡由需求曲线 $[MR(0)]$ 和边际成本曲线的交点确定，如果市场为垄断的或者完全卡特尔化的，那么边际收入曲线为 $MR(1)$。可以在同质寡头模型下考虑 λ 的实际含义。在同质寡头古诺竞争模型中，λ 等于厂商数量的倒数，也就是说，可以通过 λ 来大致判断市场的竞争程度，如 Perloff 和 Ward[1]测得美国纺织品市场的 λ 为 0.21，说明该市场上的竞争程度相当于五个同质寡头进行古诺竞争时的情形。

在新经验产业组织的研究过程中，对 λ 的解释主要有两种[2]，对

① Perloff Jeffrey M., Ward Michael B., "A Flexible, Nonparametric Approach to Estimating Market Power," Working Paper, 1988.

② Bresnahan Timothy F., "Empirical Studies of Industries with Market Power," In Schmalensee Richard, Willig Robert D., eds., *The Handbook of Industrial Organization*, Amsterdam: North-Holland, 1989.

厂商所从事博弈持不可知论的学者将 λ 看作对价格和边际成本之间差异的测量：$p - MC = -\lambda p_Q Q$，而勒纳指数为：

$$L = \frac{p - MC}{p} = -\frac{\lambda p_Q Q}{p} = -\frac{\lambda}{\varepsilon}$$

那么 $\lambda = -L\varepsilon$，这种观点认为 λ 为经市场需求弹性调整过的勒纳指数。

而另一种解释则认为 λ 在本质上是一个总体意义上的推测变分，$\lambda = \frac{1 + \delta}{n}$。在此，$\lambda$ 不是对价格偏离边际成本程度的测量，而测量的是一个与厂商行为有关的总体意义上的推测变分概念。但很多博弈论者认为解释问题在于运用可靠的经济模型，如伯川德均衡、古诺均衡和合谋均衡，只能证实有限的几个 λ 值而不能说明为何 λ 是连续的。尽管有反驳称，如果厂商进行的是动态博弈，无名氏定理表明一定范围内的 λ 相对应的结果都能与纳什均衡一致，但对此的批评又变成这种辩护使用静态方法来研究动态问题的做法本身就是有问题的。

而对于 λ 为价格边际成本差异的解释，Corts 认为，当潜在的厂商行为是推测变分均衡的结果时，所估计的推测变分参数才是无偏的。[1] λ 作为市场力量的指标，有一个严重的问题，如果说厂商为提高价格降低产量，那么所得 λ 为正，可理解为存在合谋，但是如果厂商都降低价格、增加产量，那么所得 λ 仍然为正，这有可能是厂商之间进行价格竞争而不是合谋，也就是说根据 λ 对市场力量进行判断，还是有一定的缺陷，需要结合其他数据予以具体分析。

---

[1] Corts Kenneth S., "Conduct Parameters and the Measurement of Market Power," *Journal of Econometrics*, 1999, Vol. 88.

4.2 新经验产业组织的社会背景

新经验产业组织的产生离不开其所处的社会背景，在推测变分为其提供了理论和计量基础之后，社会对新经验产业组织的需求，使其应运而生。这里所讨论的社会背景主要是经济背景，牵涉从《谢尔曼法案》发布之后美日欧三种经济力量的发展及其博弈。新经验产业组织主要源于美国，因此，在本研究中日本和欧洲作为参照对象而存在。也正是因为如此，在下文的社会背景介绍中，也将介绍美国和日本的经济背景，而欧洲的经济发展在二战之后与日本非常类似，都受益于美国的（欧洲或日本）复兴计划，其后都对美国企业构成严重的威胁，故不再介绍欧洲的经济背景。

作为对比，本部分先介绍二战结束之前日本、美国的经济竞争情况以及反垄断领域，而二战之后两者之间的联系紧密，故将集中在一节中予以介绍，并分析有利于新经验产业组织产生的社会背景。

4.2.1 二战结束前日本国内的经济竞争情况

明治维新以来，日本把增强军备和使经济发展达到欧美水平作为经济政策目标。为了实现这个目标，日本政府引进欧美各国的先进技术，兴办国营企业，并以近似于无偿的方式将企业转让给民间企业；或者直接加以保护，培养优秀的民间企业，从而推动经济发展。通过上述方法，在国家强有力的扶持下，日本出现了近代型大企业，而这些大企业又通过收购、合并等方式发展为财阀。

财阀通常是指，以公司为最高组织的控股公司保有股份、兼任负责人、进行融资以及持续性交易等结合而形成的金字塔形的同族支配的家族企业集团。

二战前日本有四大财阀（三井、三菱、住友、安田）和六个相对较小的财阀（日产、浅野、古河、大仓、中岛、野村）。它们是日本财阀的代表。这些财阀的规模是其他先进资本主义国家的大企业所不能比拟的。在二战结束时，隶属于四大财阀的企业有761个，隶属于六个小财阀的企业有436个，共计1197个企业。这些企业的资金总额占全国的24.5%。

表4-1　财阀（包括分公司）的资金总额及其占全国的比例

单位：万日元，%

领域		三井	三菱	住友	安田	四大财阀合计	占全国比重
金融业	银行业	148125	87675	53675	193361	482836	48.0
	信托业	15000	75000	5000	75000	35000	85.4
	保险业	6250	64700	6750	8550	86250	51.2
	小计	169375	159875	65425	276911	604086	49.7
重工业	煤矿业	481300	274275	111150	1000	867725	28.3
	金属业	270005	185000	550200	4150	11009355	26.4
	机械制造业	838567	1207655	638660	95183	2780065	46.2
	造船业	58125	11647	1600	10000	81372	5.0
	化工业	566169	1887455	167850	9080	930554	31.4
	小计	2214166	1866032	1469460	119413	5669071	32.4
轻工业	造纸业	4131	10980	——	9000	24111	4.5
	窑业	63496	14750	11230		89476	28.4
	纤维业	125273	10900	2000	85946	224119	17.4
	农林、水产、食品业	24113	6800	1322	——	32235	2.7
	其他	56685	29600	14760	22017	123062	9.7
	小计	273698	73030	29312	116963	493003	10.7
其他	海运业	179127	399922	6525	17500	603074	4.9
	其他	206764	204664	95960	46747	571625	——

资料来源：（财）公正交易协会《反垄断政策20年史》。转引自〔日〕铃木满《日本反垄断法解说》，武晋伟、王玉辉译，河南大学出版社，2004。

财阀具有以下特征。

一是以同族的资本和同族的结合为财阀组织的中心。

二是各财阀对直系公司的投资额大于对旁系公司，并强化对投资对象的直系化。

三是各财阀并不限于固定的形态，以多种多样的企业集团的形式存在。

四是综合性商社处于中心位置，和财阀组织形成密切的关系。

五是财阀的子公司多以财阀本社的名字开头。

就这样，以同族的支配为原点，以控股公司的形式为主体的财阀在强大的综合经济力下支配着市场的同时，也逐渐和国家权力融为一体，从而使自己的支配地位变得愈发不可动摇。

4.2.2　二战结束前美国反托拉斯政策情况

南北战争后，美国发生了第二次工业革命。随着先进运输、通信工具的应用以及全国统一市场的形成，很多行业中的最优工厂规模迅速扩大、产量大幅增加，导致竞争加剧、价格下降。在这些行业中，企业力图通过控制价格或产量来减少竞争和风险。托拉斯就是这样一个机制。在这种机制下，许多原先相互竞争的公司把自己的股票交由一个托管人持有，托管人将根据托拉斯集体利益最大化而作出决策。从1882年美国历史上第一家大型托拉斯——标准石油托拉斯成立开始，第一次企业合并的浪潮出现，对美国社会经济造成了巨大的冲击。首先，众多的中小企业在竞争中受到威胁。其次，由于技术改进和效率提高所引起的失业也激起了民众的不满。

而在美国，自由竞争、机会均衡思想长期占据统治地位。在殖民时期，北美移民就对英国王室特许的贸易公司的活动特权进行过反抗，如1773年的波士顿"倾茶事件"。美国独立后，反垄断思想也延续下来，自由、机会均等、个人独创等精神被视为立国之本，而垄断权则被视为扼杀这些精神的罪恶。当19世纪末企业联合的浪潮出现时，多数美国人依然恪守着这种自由竞争、反对垄断的原则。反对托拉斯群体形成了一股强大的政治和思想力量，各种劳工组织、农工联盟纷纷对国会展开游说。同时，民粹主义大为盛行。在总体上，这种观点认为，为了实现经济民主，国家必须保障企业自由，并尽可能地保障企业无论大小强弱都有平等参与经济活动的机会。这个时期还出现了一个以民粹主义为宗旨的全国性第三党"人民党"，对1892年的总统大选构成了直接威胁。在这种情况下民主党人和共和党人一致认为要击败对手最好的办法就是倡导一些重要理念。在联邦参议员约翰·谢尔曼的极力推动下，美国第一部反托拉斯法——《谢尔曼法案》于1890年得以通过。①

尽管《谢尔曼法案》在政治上获得了明确的支持，但是在经济学界几乎遭到一致反对。这是因为，古典政治经济学自由放任的观点和社会达尔文主义"适者生存"观点在当时主流经济学中仍然占据主导地位。经济学家认为，大企业是产业自然演变的结果，托拉斯通过运用大额的资本和精良的机器设备可以实现更低的生产成本，对此政府不必进行干预。②但是，这种声音在反托拉斯的政治浪潮中很快就被淹没了。

---

① 胡国成：《塑造美国现代经济制度之路》，中国经济出版社，1995。

② Herbert Hovenkamp, *Federal Antitrust Policy*：*The Law of Competition and Its Practice*，West Publishing Co.，1994.

从《谢尔曼法案》颁布到二战结束，政治因素继续主导着美国的反托拉斯政策，可以分为三个阶段。

4.2.2.1　1890~1914年

尽管这个时期民粹主义的影响很大，但是从《谢尔曼法案》颁布到西奥多·罗斯福上台前，联邦政府的反托拉斯活动并不积极。美国当时还处于从自由竞争资本主义向垄断资本主义过渡时期，政府对经济的干预并不多。政策多限于维护流通领域的正常商业秩序，对生产领域的干预很少，正如《谢尔曼法案》规定的那样，"以限制州际或对外贸易和商业为目的的一些合同、托拉斯及其他形式的企业联合及合谋，均属非法"；"反垄断和企图垄断，或与他人联合或共谋垄断州际或对外贸易和商业中任何部分的任何人，将被认定犯有重罪"。只要企业行为不直接"与商业和贸易有关"，就放任自流。

在塔夫脱总统任期，最重要的反托拉斯案件是解散标准石油公司，其意义不仅在将美国标准石油公司分解成33个公司，更重要的是提出了"合理原则"（The Rule of Reason），这是因为《谢尔曼法案》存在缺陷——其规定，任何限制贸易的协议都为非法，事实上，这一条根本无法执行，因为任何贸易协议都具有限制贸易的效果。合理原则的提出，不仅纠正了立法者的错误，而且确立了美国反托拉斯分析应遵循的最基本原则，即根据具体行为的特定事实及实际效果来判定其是否违法。这个原则要求对具体行为的效果进行精确的分析，这为后来经济学家的参与提供了依据。

合理原则的提出在当时引发了很大的争议。民粹主义者认为合理原则为"宽恕"大企业留下了余地，因此实质上削弱了《谢尔曼法案》的效力。国会也对《谢尔曼法案》的执行效果表示不满。为了落实反托拉斯法，国会于1914年出台了《克莱顿法案》和《联邦贸易委员会法案》。《克莱顿法案》对《谢尔曼法案》中"限制贸易和商业"这样的表述做了具体的解释，明确禁止"显著减少竞争的"价格歧视、捆绑销售和排他性交易。此外，该法还禁止"可能实质性地减少竞争或具有形成垄断的趋势"的企业合并。《联邦贸易委员会法案》的目的则是成立一个既拥有调查权也拥有执法权的联邦贸易委员会。至此，美国围绕反托拉斯政策的法律框架基本成形。

4.2.2.2　1915~1936年

《克莱顿法案》和《联邦贸易委员会法案》的出台并没有像国会希望的那样推动反托拉斯政策的实施。相反，从一战到大危机早期，反托拉斯政策进入了休眠期。

随着美国的参战和战时经济管制计划的全面启动，联邦政府正式停止了所有的反托拉斯活动。战争结束之后，虽然立即恢复了反托拉斯政策的实施，但一战期间战争动员下企业合作的成功给人们留下了这样一种印象——企业合作也是和平时期组织经济运行的最好方式。当时美国总统胡佛甚至督促企业通过贸易协会相互合作从而避免竞争。[①]另外，在1920年美国钢铁公司案中，最高法院判决——《谢尔曼法案》"并不认为仅仅由于规模大或具有未实际使用的力量就是违法"，这就使得这家操纵美国钢铁价格达15年的大企业免受法律制裁。[②]这个大规模本身不违法的原则为企业的合并打开了市场的大门，在这种宽松的政策背景下，20世纪20年代美国发生了

---

① Ellis W. Hawly, Herbert Hoover, "The Commerce Secretariat and the Vision of an Associative State, 1921–1928," *Journal of American History*, 1974, Vol.61.

② United States v. United States Steel Corp., 251 U.S. 417, 1920.

历史上第二次企业合并浪潮。

而在1929年大危机背景下，人们对不受限制的竞争和市场经济自我调整的能力更加缺乏信心，直接导致了《国家产业复兴法》的出台。这部法令的目的在于放松反托拉斯管制，允许企业限制竞争甚至消除竞争，并且建立起政府支持的卡特尔产业组织体制，人们认为这种体制可以振兴萧条的经济，而最高法院在20世纪30年代初表现出对这种"计划式"企业合作的支持。

4.2.2.3 1936年到二战

人们原本认为一旦工业体系通过企业间的相互协调行为稳定下来之后，经济就会复苏。但是现实很快就让人们的这一期望落空。很多人认为卡特尔价格协定使得价格丧失了传递市场需求信息的功能，加剧了生产过剩。在这种背景下，民粹主义重新抬头，而美国总统于1938年向议会提交了反垄断咨文，第一次明确表示通过反托拉斯法实现经济民主的设想。[①] 为了保障小企业的经济民主，美国政府出台了《罗宾逊—帕特曼法案》，其宗旨是扩大《克莱顿法案》中关于价格歧视行为条款的适用范围，避免蓬勃发展的大型连锁商店将众多小商店挤出市场。在20世纪30年代末，由罗斯福任命的负责反托拉斯事务的司法部助理部长阿诺德对全国范围内的卡特尔协议进行严厉的打击，最高法院也借此机会将价格固定协议重新界定为

---

① 其大意是，对经济力量的过度集中置之不顾，是对美国民主传统的破坏，是走上了法西斯道路。为确保政治和经济两方面的民主，必须将被少数人拥有的操纵国家经济生活的权利分享给多数人。垄断力量及其滥用会影响经济机会均等，是违背经济民主精神的。所以，担任着保障经济民主任务的国家应该以法律手段，对垄断力量予以有效的控制。转引自辜海笑《美国反托拉斯理论与政策》，中国经济出版社，2005。

"本身违法"。①

纵观美国这段时间的反托拉斯政策可以发现，存在两种相互对抗的力量：一方面是基于保护自身经济自由和政治民主而形成的反对大企业的政治力量，另一方面是工业化所推动的企业不断大型化扩展的趋势。前者明显不能阻挡大工业资本主义前进的车轮。不过这个时期的反托拉斯政策对美国现代企业的成长有明显的影响：一是《谢尔曼法案》反对托拉斯和价格卡特尔的立场阻止了制造企业为了控制价格和生产而形成松散的横向联盟的现象的泛滥，促使企业通过控股公司这种合法形式进行更为紧密的结合，从而得以实现真正的管理协调和集中化；二是《谢尔曼法案》虽然未能阻止寡头型市场结构在很多重要行业中出现，但还是避免了在这些行业中出现完全垄断情形，而根据熊彼特的创新理论，这种结构反而更加有利于这些行业的技术进步。

4.2.3 二战后美国、日本反托拉斯政策的演变

将二战后美国、日本反托拉斯政策的演变视为一个整体来进行演绎，是因为日本的反托拉斯政策本身就是由美国当局所操纵的，而日本经济的发展又对美国反托拉斯政策造成了很大的影响，两者之间存在密切的联系，为此有必要将两者放在一起加以考虑。

二战结束后，美国作为日本的占领者全面接管日本的政治、经济、军事和外交领域的事务。在日本投降后的一年里，美国官方意见是明确的，即日本过去军国主义倾向的一切根源必须完全被消除，

① United States v. Socony-Vacuum Oil Co., 310 U.S. 150, 1940; American Tobacco Co. v. United States, 328 U.S. 871, 1946.

不仅战争罪犯要列名受审，而且一切在战时日本社会中担任要职的人，还有那些被认为倾向于日本扩张主义的人，均应从其负责的岗位上离职。正如鲍莱报告指出的那样，[1]"日本的财阀〔原意是'财团'〕是相当少的一批人，按照家族和企业组织的形式紧密结合在一起，在日本现代史上，不仅控制着金融、工业和商业，而且控制着政府。他们是日本最大的战争潜力。就是这一小批人使得历次日本的征服和侵略成为可能。……不仅财阀要对日本军国主义负责，就像军国主义本身一样，而且他们通过军国主义获取了高额利润。即使是现在，虽然日本失败了，但他们实际上还加强了其垄断地位……除非解散财阀，否则日本人很少有希望能作为自由人管理自己"。

为此，美国决定在日本实施经济民主化政策。经济民主化政策分为三个方面：工会的合法化、农民土地改革、财阀解体等产业民主化。而产业民主化进一步又可分为三个方面：废除私人制团体和有关限制竞争的立法、财阀解体和消除经济力的过度集中、制定《反垄断法》等一系列法律。

在财阀解体方面，通过了"公司解散限制令"（1945年11月）和"控股公司整理委员会令"（1946年4月）等法令，将三井、三菱、住友、安田四大财阀的总公司和隶属于它们的83个控股公司、4500个子公司作为解散对象，将它们所持有的有价证券转让给控股

---

[1] 鲍莱关于日本赔偿的报告（1945年11月到1946年4月），载于杰罗姆·B.科恩《日本的战争经济和重建》（明尼苏达大学出版社，1949），转引自〔日〕都留重人《日本的资本主义——以战败为契机的战后经济发展》，复旦大学日本研究中心译，复旦大学出版社，1995。

公司整理委员会，由控股公司整理委员会进行处理。而在消除经济力的过度集中方面，1947年制定了《经济力过度集中消除法》，对具有垄断性的大企业实施了解散措施。

而在《反垄断法》方面，则是将美国的反垄断法体系复制到日本，具有很强的理想主义特征，除了禁止私人垄断、卡特尔及不正当竞争行为等基本规定之外，还对股份的持有、干部的兼任、合并等企业联合和国际协定做出相当严格的限制。

但是从1947年开始，由于国际形势的变化，美国对日本的政策目标由彻底的非武装化转变为扶持经济发展，复兴日本经济，而之前过于严格的反垄断法律有碍于这一目标的实现，人们开始认识到反垄断法的一些规定过于严苛，应该对其进行修改。因此，在反垄断法制定后不久，就于1949年对其进行了修改，之后又陆续进行了多次修改。总之，在二战结束之后到50年代末，由于美国对日本政策目标的改变，原本为了解散财阀及大公司的反垄断法"刚开放就凋谢了"。

而与此同时，美国国内反托拉斯政策的指导思想则遵循非常严厉的哈佛学派传统思想，这一方面是因为美国国内对自由竞争的向往，另一方面也不得不提到，在当时的国际贸易中其他国家的企业及行业均不能对美国构成威胁，然而随着60年代日本及欧洲经济的迅速发展，这一现象开始有了变化。

日本于1955年加入了GATT（关税及贸易总协定），1960年采取贸易自由化措施，逐渐向自由经济体制转型。而大约在1960年，日本进入了高度经济成长期，随着向自由经济体制的转型，企业规模过小和过度竞争等问题日益显现。为了增强企业的国际竞争力，日本政府开始讨论产业重组的必要性。日本国内产业重组开始盛行，大型企业的合并现象增加，出现寡头垄断化趋势。1958年雪印乳业、三叶草乳业的合并，1959年帝国制麻、中央纤维的合并，1963年三菱重工等的合并，这些曾经被分割的企业的重组、合并又被日本政府所承认，这就使得日本企业，尤其是大企业的规模迅速扩大，其国际竞争力大幅提升，欧洲的情况也大致如此，这让美国企业开始感受到了威胁，典型的例子是丰田汽车大举进军美国。

尽管这个时候美国反托拉斯政策的指导思想由哈佛学派转向芝加哥学派，对美国国内企业的合并限制已不那么严格，而且在丰田汽车大举进军美国时采取了种种限制，如设定进口配额等，但是这些又很快被丰田汽车直接在美国设厂所避开，由此，美国国内开始反思反垄断政策是否过严，而国际贸易快速增长也使得在之前反垄断执法中忽视的市场界定问题——其直观地认为市场范围即全国范围——变得重要起来，人们开始反思反垄断政策保护的究竟是竞争还是竞争者等，这些问题在哈佛学派或者芝加哥学派那里并不能得到答案，迫切需要一种定量分析的手段来进行反垄断分析，这就是新经验产业组织产生的社会背景。

4.3 结论

推测变分作为解决古诺问题的一种方式，通过推测引入心理变量将古诺的动态调整过程处理成发生于行为人内心的心理实验，从而解决了经济的稳定性问题。但是，由于推测变分均衡本身并不存在一致性，需要对其附加理性条件或一致性条件。一致性推测变分使得推测变分均衡的范围大为缩小，但其本质仍未改变，对推测变分的更好解释可能应该是作为动态相互作用过程的静态表现形式。相对于博弈论，推测变分在动态相互作用的结果层面，有利于解决更为复杂的动态相互作用过程。而博弈论在处理行为人的相互作用时强调相互作用的过程，这影响了其在处理更为复杂的相互作用问题中的作用，而利用推测变分处理动态相互作用，有利于处理过程的简化。在有限理性、有限信息问题的处理中，推测变分和进化博弈作为两种可能的发展方向，它们之间也存在千丝万缕的联系。

推测变分对相互作用结果的关注也使得其在经验研究中的作用至关重要，新经验产业组织本身无论是从理论基础还是计量模型，都建立在推测变分基础之上，尽管仅仅依赖于这一简单工具受到人们的不少质疑，但是还没有出现一种更为合理的处理工具。

新经验产业组织产生的社会背景就是，二战后日欧经济的快速恢复对美国企业造成了很大的压力，而日欧企业带来的竞争背后所隐藏的是各自国内反垄断法规的实施情况，为此美国开始反思国内的反垄断政策是否过于严苛。这种涉及程度的问题需要一种定量分析的手段来加以解决，由此新经验产业组织产生，在这种社会背景下，由于推测变分具有良好的理论计量兼容性，可以规避芝加哥学派对哈佛学派即SCP范式的批评，很快就被应用于厂商市场力量的测定以及反托拉斯政策的实施讨论之中。

因此，新经验产业组织的理论和计量基础都是推测变分，而其社会背景则是二战后美日欧企业竞争的变化情形。

第5章　数字模拟

如前文所述，使用最多的三种方法是结构模型方法、Panzar 和 Rosse 的简化形式模型方法[1]以及 Hall 的简化形式模型方法[2]。这三种方法的优劣势何在？正如手表定律，只有一块表，可以准确地知道时间；有两块或两块以上的手表，反而可能会出现混乱，难以准确地知道时间。新经验产业组织方法本身也是如此，无论是哪种方法，无论其提供的计量检验结论如何完美，都不能对其本身进行检验。要对方法进行验证，如 Corts 所言，可用的方法有两种，一种是数字模拟，另一种是用真实数据对比进行验证。[3]而真实数据之难以获得程度令人望而生畏，为此，本章对三种方法的验证采用的是数字模拟方法，首先通过对模拟得出的数据进行计量检验得到对市场力量的估计，然后对比初始设置和计量检验结果。

本章的内容安排如下：首先，简要介绍三种方法，为数字模拟

---

[1]　Panzar J., Rosse J., "Testing for Monopoly Equilibrium," *The Journal of Industrial Economics*，1987，XXXV（4）.

[2]　Hall Robert E., "The Relation Between Price and Marginal Cost in U.S. Industry," *Journal of Political Economy*，1988，Vol.96（5）.

[3]　Corts Kenneth S., "Conduct Parameters and the Measurement of Market Power," *Journal of Econometrics*，1999，88.

以及计量检验打下基础；其次，介绍数字模拟模型以及模拟数字的产生过程；再次，利用这些数据进行计量检验，并与初始设置进行对比；最后对所得出结论做总结。

5.1　三种方法

本节介绍的三种方法分别是结构模型方法、Panzar 和 Rosse 的简化形式模型方法以及 Hall 的简化形式模型方法。这三种方法都能够用来验证市场是否为完全竞争的，而结构模型方法还能用来直接估计价格和边际成本之间的差额，即可以直接估计市场力量。如前文所述，异质品市场力量的估计方法与同质品市场力量的估计方法在本质上并没有什么不同，只是对模型中需求函数的设置有所不同，因此，只检验同质产品市场力量估计的几种方法。

5.1.1　结构模型

在结构模型中，需要估计模型的所有方程。在理想状态下，应该对完备模型进行估计，包括行业中每个厂商的行为方程。如果只有总体意义上的行业层面的数据，就只需要估计一个需求方程、总体成本方程和一个均衡条件。

为了描述这种行业层面的方法，假设需求曲线为：

$$p = p(Q, Z)$$

其中，p 为价格，Q 为产量，Z 为影响行业需求曲线但不影响边际成本的外生变量，如收入、替代品价格等。

使用行为参数λ来包罗各种市场结构，[1]可以将"实际"边际收入函数写作：

$$MR(\lambda) = p + \lambda p_Q(Q, Z)Q$$

其中，p_Q为需求曲线的斜率。如果$\lambda = 0$，边际收入等于价格，市场是完全竞争型的；如果$\lambda = 1$，边际收入为垄断者的边际收入，市场是垄断型或者完全合谋型的；如果λ介于0和1之间，市场结构介于完全竞争型和垄断型或完全合谋型之间，而市场力量也介于完全竞争型和垄断型或完全合谋型之间。当n个同质厂商进行古诺博弈，其决策变量为产量，λ等于$\dfrac{1}{n}$。

均衡条件或最优性条件为行业的实际边际收入等于行业的边际成本：

$$MR(\lambda) = p + \lambda p_Q(Q, Z)Q = MC(Q, w)$$

其中，MC为产出和其他变量w的函数，w为要素价格，如工资、资本利息或土地租金等。

这种方法主要有两个缺陷。首先，要得到正确的估计，就必须正确设置所有的潜在结构模型。其次，正如Bresnahan[2]和Lau[3]所述，在一些特定设置（如线性需求曲线和log−线性需求曲线）下，λ并不能得到证实。在下面的数字模拟中，特意避开这些特别设置。

---

[1] Hall Robert E., "The Relationship Between Price and Marginal Costs in U.S. Industry," *Journal of Political Economy*, 1988, 96.

[2] Bresnahan Timothy F., "The Oligopoly Solution Concept is Identified," *Economics Letters*, 1982, 10.

[3] Lau Lawrence J., "On Identifying the Degree of Competitiveness from Industry Price and Output Data," *Economic Letters*, 1982, 10.

5.1.2 Hall简化形式模型方法

相对结构模型方法而言，Hall的简化形式模型方法所需数据较少而且估计起来也较为简单。Hall使用比较静态结构来验证市场力量，其零假设为完全竞争。在没有其他信息的情况下，这种方法并不能对市场力量程度进行估计。Hall方法的主要缺陷在于其必须同时保持规模报酬不变（CRS）的假设，也就是前文所说的，Hall方法实际上检验的是完全竞争和CRS的联合假设。在下文对数据模拟所得数据进行检验时，将会检验这种方法在规模报酬不变、规模报酬递增或递减时的效果。

Hall使用的两种方法都是基于索罗剩余 θ，θ 是希克斯中性技术进步指数。在完全竞争和规模报酬不变假设下，索罗剩余为：

$$\theta = \Delta \ln\left(\frac{Q}{K}\right) - \tilde{\alpha}\Delta \ln\left(\frac{L}{K}\right) - \tilde{\beta}\Delta \ln\left(\frac{M}{K}\right)$$

其中，$\ln\left(\frac{Q}{K}\right)$ 为产出资本比的增长率，Q 为产出，K 为资本，$\tilde{\alpha} = wL/pQ$ 为劳动收入占产出价值的比例，w 为工资，L 为劳动使用量或劳动雇佣量，p 为产出价格，$\Delta \ln\left(\frac{L}{K}\right)$ 为劳动资本比的增长率，$\tilde{\beta} = mM/pQ$ 为原材料价值占产出价值的比例，m 为原材料价格，M 为原材料使用量。

Hall指出，在完全竞争和规模报酬不变情况下，索罗剩余与那些既不影响生产率变动也不受生产率变动影响的变量不相关。运用这一结果，Hall得出了一种"工具变量检验"：如果市场为完全竞争且规模报酬不变，适合的工具变量与索罗剩余的相关度接近于零。

要进行这一检验，可以估计如下形式的方程：

$$\theta = \phi_0 + \phi_1 I + \varepsilon$$

其中，I 为工具变量（如军费支出的变化、原油价格的变化、货币供给水平或者人口变化等），需要检验的是 ϕ_1 是否统计显著地有别于 0。如果市场并非完全竞争的，这种方法并不能为市场力量程度的测量提供任何信息。

在另一种方法中，Hall 使用"估计方法"来对价格高出边际成本的加成进行估计：$\mu = p/MC$。利用这种方法，完全竞争情形所需要验证的就是 μ 是否等于 1。比如，可以估计如下方程：

$$\Delta \ln\left(\frac{Q}{K}\right) = \mu\left[\tilde{\alpha}\Delta \ln\left(\frac{L}{K}\right) + \tilde{\beta}\Delta \ln\left(\frac{M}{K}\right)\right] + \varepsilon$$

其中，ε 为误差项。如果市场不是完全竞争的，$\mu > 1$，然而，正如 Shapiro 所言，如果没有诸如需求弹性等其他信息的话，很难对 μ 进行解释。[1]

5.1.3　Panzar-Rosse简化形式模型方法

Rosse 和 Panzar[2]、Panzar 和 Rosse[3] 提出了一种只用估计单个方程来验证市场力量的方法。在这种方法中，需要对简化形式的收入函数进行估计，然后计算一检验统计量 H，这是收入关于每一要素

---

[1]　Shapiro Matthew，"Measuring Market Power in U. S. Industry，"National Bureau of Economic Research Working Paper No. 2212，1978.

[2]　Rosse James N.，Panzar John C.，"Chamberlin Versus Robinson：An Empirical Test for Monopoly Rents，Studies in Industrial Economics，"Research Paper No.77，Stanford University，1977.

[3]　Panzar J.，Rosse J.，"Testing for Monopoly Equilibrium，"*The Journal of Industrial Economics*，1987，XXXV（4）.

价格弹性之和。对于某些特定模型，Panzar和Rosse指出：

——垄断收益假设：在垄断情况下，H非正。

——市场均衡假设（对称型张伯伦垄断竞争）：如果厂商利润最大化并且存在一些促使利润降为零的市场力量（进入），那么$H \leqslant 1$。

——完全竞争假设：在自由进入的长期完全竞争均衡中，$H = 1$。

正如Panzar和Rosse所言，要进行这种检验，必须得到替代模型。例如，他们描述了各种完全竞争和寡头替代模型来对垄断情形进行验证。基于他们的分析结果，要将垄断竞争和完全竞争或者垄断区分开来是不可能的。

在使用这种检验方法时，主要有两个难题。第一，对于大多数需求函数和成本函数而言，所得出的简化形式收入函数极其复杂且不是线性的，因而难以进行估计。对近似的简化形式方程进行估计所得出的结果是有偏的。在数字模拟中，计算真实的H统计量，并且使用收入函数的近似形式对近似H统计量进行估计。

第二，正如Panzar和Rosse所提到的那样，对于标准的柯布—道格拉斯设置，①这种方法本身就无能为力。下文将看到，在柯布—道格拉斯设置下，Panzar-Rosse检验统计量与市场结构参数无关，由于其相对容易使用，如果有效的话，还是很具吸引力的。

在对这三种方法进行简要介绍之后，接下来采用数字模拟的方法来得到一些数据，并基于这些数据对市场力量进行估计，将所得出的市场力量参数与初始设置进行对比，以此对这三种方法进行检验。

---

① $Q = AL^{\alpha}K^{\beta}.$

5.2　数字模拟

在进行数字模拟时，使用柯布—道格拉斯模型和线性模型。由于柯布—道格拉斯模型不能用于检验Panzar-Rosse方法，大多数时候讨论的是关于线性设置的问题。而同时使用两种方法并不能得出关于结构模型方法和Hall方法的额外信息，因此，对于这两种方法，更关注的是柯布—道格拉斯模型。下文对柯布—道格拉斯模型和线性模型进行描述。

简单起见，假设市场中所有厂商都是同质的。因此，在结构模型方法和Hall方法中，估计的是这些厂商的"平均"市场力量。这种方法受到欢迎之处在于很多研究所基于的数据都是行业层面的。可以将"实际的"模拟模型看作是反映单个厂商的行为，但并不一定是利润最大化的行为，除非这些同质厂商能够进行完美的合谋。

5.2.1　柯布—道格拉斯设置

在柯布—道格拉斯设置中，假设生产函数为柯布—道格拉斯型的而需求函数是对数线性的。假设成本函数和需求函数都具有可加性、随机性，而且具有代表未知来源冲击的不相关误差。在柯布—道格拉斯生产函数中，

$$Q = AL^{\alpha}K^{\beta}$$

对应的成本函数为：

$$C = A^{-1/\gamma}\gamma\left(\frac{w}{\alpha}\right)^{\alpha/\gamma}\left(\frac{r}{\beta}\right)^{\beta/\gamma}Q^{1/\gamma}\varepsilon^{\varepsilon_c} = C^{*}\varepsilon^{\varepsilon_c}$$

其中，$\varepsilon_c \sim N(0, \sigma^2)$，而符号"*"表示变量的系统部分（$C^{*}$表示的是成本的系统部分，与$\varepsilon_c$无关），而规模常数$\gamma$等于$\alpha + \beta$，则

边际成本为：

$$MC^* = A^{-1/\gamma} \left(\frac{w}{\alpha}\right)^{\alpha/\gamma} \left(\frac{r}{\beta}\right)^{\beta/\gamma} Q^{(1-\gamma)/\gamma}$$

需求函数是对数线性的：

$$\ln p = \delta_0 - (\delta_1 + \delta_2 Z) \ln Q + \varepsilon_D = \ln p^* + \varepsilon_D$$

其中，p 为价格，Z 为旋转需求曲线的变量（如替代品的价格，表示偏好的变量或收入等），$\varepsilon_D \sim N(0, \sigma^2)$。需求曲线的斜率为 $p' \equiv p_Q = -(p/Q)[\delta_1 + \delta_2 Z]$。

实际的边际收入函数为：

$$MR(\lambda) = p + p'Q = p[1 - \lambda(\delta_1 + \delta_2 Z)]$$

要使均衡有意义，实际边际收入必须为正，从而 $\lambda(\delta_1 + \delta_2 Z)$ 必须小于1，"实际需求弹性"的相反数，即 λ 倍需求弹性绝对值的相反数，必须小于1。

均衡条件或最优性条件为实际边际收入等于边际成本：

$$\ln MR(\lambda) = \ln p + \ln[1 - \lambda(\delta_1 + \delta_2 Z)] = \ln MC$$

代入 MC 和 $\ln p$，所需产出为：

$$\ln Q = \frac{\delta_0 + \ln[1 - \lambda(\delta_1 + \delta_2 Z)] + \frac{1}{\lambda}\ln A - \frac{\alpha}{\lambda}\ln\left(\frac{w}{\alpha}\right) - \frac{\beta}{\lambda}\ln\left(\frac{r}{\beta}\right) + \varepsilon_D - \varepsilon_C}{\delta_1 + \delta_2 Z + \frac{1-\lambda}{\lambda}}$$

$$\equiv \ln Q^* + \frac{\varepsilon_D - \varepsilon_C}{\delta_1 + \delta_2 Z + \frac{1-\lambda}{\lambda}}$$

因此，给定这些参数，就能计算得出 Q^*，将 Q^* 代入方程可得到 p^*。而将关于劳动力和资本的成本最小化，就可以得到要素需求方程，将出产量代入这些方程，就能得到 L 和 K 的方程，这在 Hall 简化形式模型方法中会用到。

在Panzar-Rosse方法中要求估计简化形式的收入方程。在该模型中，收入的对数等于价格的对数加上产量的对数，$\ln R = \ln p + \ln Q$，为：

$$\ln R = \delta_0 + \varepsilon_D + (1 - \delta_1 - \delta_2 Z)$$

$$\times \frac{\delta_0 + \ln\left[1 - \lambda(\delta_1 + \delta_2 Z)\right] + \frac{1}{\lambda}\ln A - \frac{\alpha}{\lambda}\ln\left(\frac{w}{\alpha}\right) - \frac{\beta}{\lambda}\ln\left(\frac{r}{\beta}\right) + \varepsilon_D - \varepsilon_C}{\delta_1 + \delta_2 Z + \frac{1 - \lambda}{\lambda}}$$

这表明，$\ln R$ 是（Z不变）要素价格对数的线性函数而非 Z 的线性函数。更为重要的是，要素价格参数并不取决于 λ。因此，Panzar-Rosse 检验统计量，$H \equiv \partial[\ln R]/\partial[\ln w] + \partial[\ln R]/\partial[\ln r]$，与 λ 无关，从而不能用于区别各种市场结构。就该模型而言，

$$H = \frac{\delta_1 + \delta_2 Z - 1}{\delta_1 + \delta_2 Z + \frac{1 - \lambda}{\lambda}}$$

而在下文将会看到，在线性模型设置下 H 为 λ 的函数。

5.2.2　线性模型设置

在线性模型设置中，假设需求曲线和边际成本曲线都是线性的。边际成本曲线为：

$$MC = \eta + \alpha w + \beta r + \gamma Q + s_C$$

因此，总成本（忽略可能存在的固定成本）为：

$$C = \left[\eta + \alpha w + \beta r + \frac{\gamma}{2}Q + s_C\right]Q$$

要素需求函数为：

$$L = \alpha Q + s_L$$
$$K = \beta Q + s_K$$

需求曲线为：

$$p = \phi_0 - [\phi_1 + \phi_2 Z]Q + s_D$$

需求曲线的斜率为 $p' \equiv p_Q - [\phi_1 - \phi_2 Z]$，因此，实际边际收入为：

$$MR(\lambda) = p + \lambda p' Q = p - \lambda [\phi_1 + \phi_2 Z] Q$$

在均衡处，$MR(\lambda)$ 等于 MC，从而 $p = MC + \lambda [\phi_1 + \phi_2 Z] Q$，或者

$$p = \eta + \alpha w + \beta r + [\lambda(\phi_1 + \phi_2 Z) + \gamma] Q + s_C + s_D$$

因此，所需产量为：

$$Q = \frac{\phi_0 - \eta - \alpha w - \beta r - s_C}{(\lambda + 1)[\phi_1 + \phi_2 Z] + \gamma}$$

收入函数为：

$$R = \left[\phi_0 + s_D - (\phi_1 + \phi_2 Z) \frac{\phi_0 - \eta - \alpha w - \beta r - s_C}{(\lambda + 1)(\phi_1 + \phi_2 Z) + \gamma} \right]$$

$$\times \frac{\phi_0 - \eta - \alpha w - \beta r - s_C}{(\lambda + 1)(\phi_1 + \phi_2 Z) + \gamma}$$

因此，即使在线性模型中，收入函数也是相当复杂的，并不是要素价格和 Z 的线性函数。而 Panzar-Rosse 的检验统计量 $H \equiv \partial[\ln R]/\partial[\ln w] + \partial[\ln R]/\partial[\ln r]$，会随着 λ 的变化而变化。

有了这些显示解，就能进行数字模拟。数字模拟是运用 matlab 来进行的，考虑三种市场结构：完全竞争（$\lambda = 0$）、四个同质古诺寡头（$\lambda = 0.25$）和完全合谋（$\lambda = 1$）。至于其他参数，$A = 1.2$，$\alpha/\gamma = 1/3$，$\beta/\gamma = 2/3$，$\delta_0 = 1.8$，$\delta_1 = 1.2$，$\delta_2 = -0.5$，根据 Hyde 和 Perloff 的研究[①]，检验结果对这些参数的选择并不是非常敏感的。在 Hyde 和 Perloff 的研究中，Z 使用的是全国居民消费物价指数，由于我国 1995 年之前国家统计局并没有提供居民消费物价指数，本研究

---

① 详见 Hyde Charles E.，Perloff Jeffrey M.，"Can Market Power be Estimated？" *Review of Industrial Organization*，1995，Vol. 10。其这样写道："根据我们使用其他参数所作（非系统性）实验，我们并不认为结论对所选择特定参数非常敏感，但是这些结果对观测值的个数以及要素价格向量之间的相关程度非常敏感。"

使用1995~2007年中国居民消费物价指数，对于工资 w、资本使用成本 r，则使用的是我国制造业1995~2007年的数据。

在两种设置下，使用相同的 w、r 和 Z 数据序列，通过 ε_C 和 ε_D 的随机取数，得到1000组12年时间的数据。利用上述方程，计算出"真实的" Q、p 以及在估计过程中使用的其他变量。

在得到数据之后，利用计量模型对市场力量参数 λ 进行估计，然后和初始设置进行对比。

5.3 检验结果

分别对结构模型方法、Hall简化形式模型方法和Panzar-Rosse简化形式模型方法进行检验，所得出结果如下。

5.3.1 结构模型方法

在运用上述数据对结构模型方法进行检验的过程中，采用三种方法对结构模型进行估计。

首先，假设潜在技术为柯布—道格拉斯型的，此时估计的是一个四方程系统：

需求方程：$\ln p = \delta_0 - (\delta_1 + \delta_2 Z) \ln Q + \varepsilon_D = \ln p^* + \varepsilon_D$；

最优性方程：$\ln MR(\lambda) = \ln p + \ln [1 - \lambda(\delta_1 + \delta_2 Z)] = \ln MC$；

份额方程：$S_L = \beta_1$（其中 $S_L = wL/C$，而 C 为成本）；

成本方程：$\ln(C/Q) = \alpha \ln w + \beta \ln r$（其中 $\alpha + \beta = 1$）。

其次，假设为更一般地超越对数设置，其二阶近似值就是柯布—道格拉斯函数，此时估计的也是一个四方程系统：

需求函数：$\ln p = \delta_0 - (\delta_1 + \delta_2 Z) \ln Q + \varepsilon_D = \ln p^* + \varepsilon_D$

份额函数：$S_L = \beta_1 + \beta_3 [\ln r - \ln w]$

成本函数：
$$\ln(C/Q) = \alpha \ln w + \beta \ln r + \frac{1}{2}(\ln w)^2$$
$$+ \gamma_{12}(\ln w)(\ln r) + \frac{1}{2}\gamma_{22}(\ln r)^2$$

最优性方程：

$$p = \frac{1}{1 - \lambda(\delta_1 + \delta_2 Z)} \exp[\beta_0 + \beta_1 \ln w + (1 - \beta_1)\ln r + \beta_3(\ln w)(\ln r)$$
$$-(1/2)\beta_2(\ln w)^2 - (1/2)\beta_3(\ln r)^2]$$

最后，假设潜在生产技术为线性的，此时需要估计三个方程：

需求方程：$p = \phi_0 - [\phi_1 + \phi_2 Z]Q + s_D$

最优性方程：$p = \eta + \alpha w + \beta r + [\lambda(\phi_1 + \phi_2 Z) + \gamma]Q + s_C + s_D$

成本方程：$C = \left[\eta + \alpha w + \beta r + \frac{\gamma}{2}Q + s_C\right]Q$

接下来，使用 t 统计量来检验所估计的市场结构参数 λ 是否等于 0、0.25、1（即分别对应于完全竞争、四厂商古诺寡头、完全合谋）。表 5-1 描述的是在 5% 显著性水平上，每种关于 λ 的假设不能被拒绝的模拟数据个数所占总体（1000 个）的比例。

所得估计结果汇总见表 5-1。

表 5-1　结构模型方法

项目		ε_C 和 ε_D 的分布情况					
		0.1N(0，1)			0.01N(0，1)		
市场结构	假设	CD	TL	线性	CD	TL	线性
完全竞争 $\lambda = 0$	$\lambda = 0$	94.6	93.2	10.9	94.0	92.0	0
	$\lambda = 0.25$	0.6	0.5	1.8	0.5	0	0
	$\lambda = 1$	0	0	0	0.1	0	0

项目		ε_C 和 ε_D 的分布情况					
		$0.1N(0,1)$			$0.01N(0,1)$		
四厂商古诺寡头 $\lambda = 0.25$	$\lambda = 0$	0.6	0.2	0	0	0	0
	$\lambda = 0.25$	89.2	56.1	75.0	95.9	65.1	76.3
	$\lambda = 1$	0.1	0	0.1	0	0	0
完全合谋 $\lambda = 1$	$\lambda = 0$	0	0.2	4.7	0	0	0
	$\lambda = 0.25$	0	1.5	97.4	0	0	0
	$\lambda = 1$	95.7	68.3	23.9	97.5	70.8	94.6

在两种误差下柯布—道格拉斯模型的效果都比较好。在每种误差下，如果柯布—道格拉斯模型设置正确，差不多都能拒绝所有伪假设，同时几乎所有情形下都不能拒绝正确的假设。在 $0.1N(0,1)$ 误差下，当真实模型为 $\lambda = 1$ 时，在 1000 组模拟数据的 95.7% 部分不能拒绝完全合谋的假设；当真实模型为 $\lambda = 0.25$ 时，在 1000 组模拟数据的 89.2% 部分不能拒绝四厂商古诺寡头的假设；当真实模型为 $\lambda = 0$ 时，在 1000 组模拟数据的 94.6% 部分不能拒绝完全竞争的假设。在 $0.01N(0,1)$ 误差下，当真实模型为 $\lambda = 1$ 时，在 1000 组模拟数据的 97.5% 部分不能拒绝完全合谋的假设；当真实模型为 $\lambda = 0.25$ 时，在 1000 组模拟数据的 95.9% 部分不能拒绝四厂商古诺寡头的假设；当真实模型为 $\lambda = 0$ 时，在 1000 组模拟数据的 94.0% 部分不能拒绝完全竞争的假设。

如果使用了错误设置的线性模型，即使是在误差为 $0.01N(0,1)$ 水平上，也不能明确区分这些假设。当真实模型为完全竞争的，在两种误差分布水平上，线性模型几乎拒绝了所有正确和错误的假设；

当真实模型为四厂商古诺寡头时，在两种误差分布水平上，线性模型拒绝错误假设和接受正确假设的能力要稍强于超越对数模型；当真实模型为完全合谋时，在$0.1N(0，1)$误差水平上，线性模型不能拒绝错误假设的概率要高出其接受正确假设好几倍，并且其接受正确假设的概率也要低于超越对数模型，在$0.01N(0，1)$误差水平上，线性模型不能拒绝错误假设的概率约等于其接受正确假设的概率，但其接受正确假设的概率则要高于超越对数模型。同时发现，在$0.1N(0，1)$误差水平上，当真实模型为完全合谋时，几乎有一半的模拟数据中不能估计出线性模型。

5.3.2　Hall简化形式模型方法

两种Hall简化形式模型方法都可以检验市场是否为完全竞争的（假定规模报酬不变）。在估计方法中，在得到价格边际成本加成μ之后，使用t统计量来检验$\mu = 1$的假设。在工具变量检验中，使用工具变量来检验完全竞争假设。

在估计方法中，如果市场并非完全竞争的，μ就要大于1，但正如Shapiro[1]所说，如果没有诸如需求弹性之类的信息，并不能得出μ与特定市场结构之间的关系。在表5-2中，第二列反映的是三种市场结构中μ在模拟数据中所得估计值的平均值。第三列反映的是基于真实模拟模型所得出的价格与边际成本比值的平均值。当市场为完全竞争的，μ的平均估计值为1。当市场并非完全竞争的（$\lambda =$

① Shapiro Matthew, "Measuring Market Power in U.S. Industry," National Bureau of Economic Research: Working Paper No. 2212, 1987.

0.25或$\lambda = 1$），μ的平均值则要小于真实的价格与边际成本比值。最后两列反映的是当较小误差水平即$0.01N(0，1)$时不能拒绝各种零假设的模拟数据在数据总量的比例，使用的是5%显著水平上的双尾检验。对完全竞争的检验时，检验的是μ是否等于1。当市场为完全竞争时，在98.4%的情形中Hall检验不能拒绝假设；但当$\lambda = 0.25$时，在真实模型中，其不能拒绝假设的概率为90.3%，而在实际中其不能拒绝假设的概率为12.1%；当$\lambda = 1$时，在真实模型中，其不能拒绝假设的概率为40.7%，而在实际中其不能拒绝假设的概率为6.2%。最后一列检验的是所估计的μ是否等于p/MC平均值。同时表明，在完全合谋情形中所估计的μ非常小。

表5-2 Hall估计方法

项目			不能拒绝零假设的比例（%）		
市场结构 真实λ	平均 μ	平均 p/MC	完全竞争		真实模型
			$0.1N(0，1)$	$0.01N(0，1)$	$0.01N(0，1)$
$\lambda = 0$	0.996	1.00	98.5	98.4	98.4
$\lambda = 0.25$	1.084	1.16	98.9	12.1	90.3
$\lambda = 1$	1.569	2.29	85.9	6.2	40.7

与结构模型不同的是，Hall模型对误差项的大小非常敏感。当使用较大的误差项——$0.1N(0，1)$时，几乎在所有情形中都不能拒绝完全竞争的假设。

正如Hall所说的那样，其检验方法实际上是对完全竞争和规模报酬不变的联合检验。为了说明这种方法对规模报酬偏离不变的敏感程度，γ 会从 0.8 逐渐变动到 1.2，增幅为 0.1。而对于每个 γ，利用 matlab 随机取数 200 次。

在图 5-1 中，粗黑线表示的是当真实模型为 $\lambda = 0$ 时 μ 估计均值随着 γ 的变化情况。当规模报酬递减时（$\gamma < 1$），对 μ 的估计值明显高于 1；当规模报酬递增时（$\gamma > 1$），所估计的 μ 值明显小于 1。图中还有两条虚线，表示的是，对于给定 γ，均值 μ 加上或减去两倍标准差的位置。基于这一例子，我们知道，相对于规模报酬不变较小的偏离会显著地影响完全竞争的假设检验。不过当规模报酬不变时，Hall 简化形式模型方法非常有效。

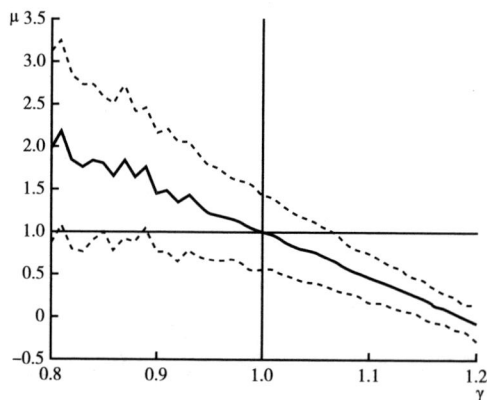

图 5-1 当厂商为价格接受型时 Hall 方法对完全竞争的估计检验

图 5-2 中也有一条跟图 5-1 中 $\lambda = 0$ 时均值 μ 一样的粗实线，同时也有两条分别对应着 $\lambda = 0.25$ 和 $\lambda = 1$ 的曲线。完全合谋情形下均值 μ 的曲线稍低于图 5-1 中均值加上两倍标准差的曲线。正如表 5-2 所示，在规模报酬递增的情况下，竞争程度低于完全竞争的市场有

可能被误认为是完全竞争市场：曲线 $\lambda = 0.25$ 和 $\lambda = 1$ 在 γ 高于 1 的某处等于 1。类似的，当规模报酬递减时，有可能错误地拒绝完全竞争假设。

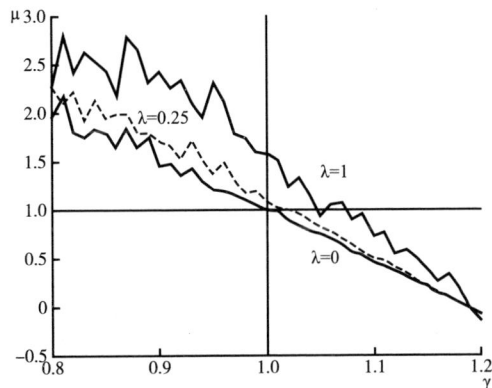

图 5-2　在三种市场结构下 Hall 简化形式模型方法对完全竞争的估计检验

现在验证 Hall 对完全竞争假设的工具变量检验方法。遵循 Hall 的研究中关于工具变量选择的建议，采用的工具变量 I，是误差项和劳动资本比值对数的变化率的加权平均数，$\omega \Delta \ln (L/K) + (1 - \omega)s$，其中 $s \sim N(0, 0.1)$，而 ω 为权重。在数字模拟中，分别将 ω 的值取 0.1、0.5、0.9。所得到的结果见表 5-3。

表 5-3　Hall 工具变量方法

市场结构，真实 λ	工具变量权重 ω	$corr[I, \Delta \ln (L/K)]$	$corr(I, \theta)$	不能拒绝的概率（%）
完全竞争 $\lambda = 0$	0.1	0.17	0.01	95.5
	0.5	0.84	0.01	96.5
	0.9	1.0	0.01	98.0

市场结构， 真实 λ	工具变量权重 ω	$corr\,[\,I,\ \Delta\ln\,(L/K)\,]$	$corr(I,\ \theta)$	不能拒绝的 概率（%）
四厂商古诺寡头 $\lambda = 0.25$	0.1	0.17	0.11	90.5
	0.5	0.84	0.48	12.5
	0.9	1.0	0.56	3.0
完全合谋 $\lambda = 1$	0.1	0.17	0.09	89.5
	0.5	0.84	0.53	7.5
	0.9	1.0	0.63	0.1

表5-3反映的是工具变量与 $\Delta\ln\,(L/K)$ 的相关程度以及与索罗剩余 θ 的相关程度。通过对所有这些 ω 进行检验，当真实模型为完全竞争时，基本上不会拒绝完全竞争的假设。当工具变量与 $\Delta\ln\,(L/K)$ 和 θ 高度相关时，可能会正确地拒绝完全竞争假设，而当工具变量与 $\Delta\ln\,(L/K)$ 和 θ 相关程度不高时，也有会错误地不能拒绝完全竞争假设。

在图5-3中，$\omega = 0.2$，$\lambda = 0$，给出了对完全竞争的几种检验。粗黑线表示的是基于标准双尾t检验而拒绝完全竞争假设情形所占的比例。正如Hall所说的那样，对相关系数为负的情形并没有什么合理的解释，因此，在图5-3中也给出了单尾t检验，用虚线表示。细线表示的是使得相关系数为负值的数据所占比例。同样，在规模报酬不变的情况下，Hall方法的检验效果很好，而当规模报酬递减时，完全竞争假设被不正确拒绝的比例相对于规模报酬不变时有所增加。

当 ω 增大时，对于任何显著不同于1的 γ 而言，几乎在所有情形中双尾检验都拒绝了完全竞争的假设。比如，$\omega = 0.5$，

$\gamma \in (0.98,\ 1.02)$ 时，几乎所有情形中完全竞争假设都得到了接受，而对于这一范围之外的 γ 而言，几乎所有情形中完全竞争假设都遭到了拒绝。

当规模报酬递增时，很有可能出现在索罗剩余和工具变量之间相关系数为负的情形。基于单尾检验，有可能不会拒绝竞争，但基于双尾检验，就有可能由于相关系数为负，错误地拒绝完全竞争的假设。图5-3表明，对于远低于1的 γ 而言，相关系数为负的可能性几乎为零，而当 γ 稍大于1时，相关系数为负的可能性几乎为1。

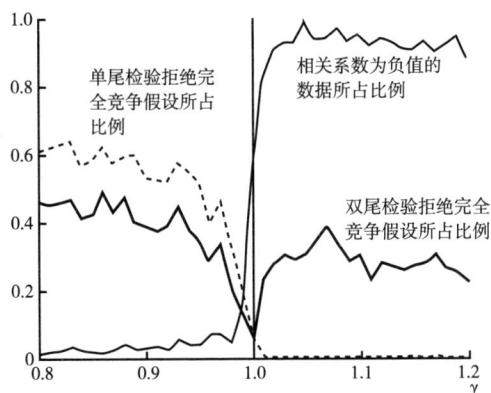

图5-3 当 $\lambda = 0$ 时，对完全竞争的 $\lambda = 0$ 工具变量方法检验

5.3.3 Panzar-Rosse简化形式模型方法

在检验 Panzar-Rosse 简化形式模型方法时会面临一些困难。如果对真实结构模型进行估计（并且模型中市场结构得到了证实），那么可以通过分析而不用检验就能得到 Panzar-Rosse 简化形式模型方法的性质；另外，如果对真实结构模型进行了估计，那么由于已经对实际市场结构进行了估计，就没有必要进行Panzar-Rosse简化形式模型检验。

Panzar和Rosse认为估计一个简化形式收入方程要比估计结构模型简单得多，而且所需数据也较少。但不幸的是，这种方法在操作过程中会遇到一些实际困难。首先，如前文所述，对于一些模型设置而言，如柯布—道格拉斯模型，其检验并不能对市场结构加以区分。其次，即使在相当简单的柯布—道格拉斯模型或者线性模型中，正确的简化形式收入方程也是非线性并相当复杂且难以估计的，但如果使用该正确简化形式收入方程的近似值进行估计，所得结果又可能存在偏差。

在检验Panzar-Rosse简化形式模型方法时，使用的是前文所描述的线性模型。当$\lambda = 0$时，实际的H值（要素成本弹性之和）等于-3.48；当$\lambda = 0.25$时，其等于-5.90；当$\lambda = 1$时，其等于-12.31。[①]换句话说，H随着λ变化而变化，且始终小于0。而作为对比，在柯布—道格拉斯模型中，H并不随着λ的变化而变化，对于所有的λ而言，H都等于-2.10。这一结果与Panzar和Rosse定理相一致：在垄断（完全合谋）情形下H为负。不幸的是，在线性模型中，当市场的合谋程度低于完全合谋情形（包括完全竞争）时H也为负（尽管接近于0）。

在线性模型下，利用两个近似简化形式值来估计H统计量。所使用的简化形式分别为：

---

① 在检验这种方法时，真实模型的参数为$\alpha = \beta = 10$，$\gamma = 0$（Giovanni，规模报酬不变），$\phi_0 = 40$，$\phi_1 = 2$，$\phi_2 = 1.5$，误差项s_C和s_D都是服从$0.1N(0, 1)$的。

简单线性：$R = \phi_0 + \phi_1 w + \phi_2 r + \phi_3 z$

对数线性：$\ln R = \phi_0 + \phi_1 \ln w + \phi_2 z \ln w + \phi_3 \ln r + \phi_4 z \ln r$

$$+ \phi_5 \ln z + \phi_6 z \ln z$$

在验证 H 统计量等于 0 还是等于 1 时，使用的是双尾 t 检验。基于这两种近似设置，对于完全竞争模型总是不能拒绝 H 为负的假设，也就是说，所得到的判断是 Panzar-Rosse 条件为市场垄断的必要但非充分条件。而 $\lambda = 1$ 的假设总是被拒绝。

当 $\lambda = 0.25$ 时，在线性近似下两种假设（$H < 0$ 和 $H = 1$）都被拒绝了；对于对数线性近似而言，$H < 0$ 的假设从未被拒绝而 $H = 1$ 的假设总是被拒绝。奇怪的是，对于完全合谋模型而言，无论使用哪种近似，这两种假设都被拒绝。

5.4　结论

这三种估计或检验市场力量的方法各有优劣之处。结构模型方法的优点在于能够直接对市场力量程度进行估计，这是其他两种方法所不具备的。如果结构模型设置正确，则其效果非常好；反之亦然。

更为重要的是，我们发现使用灵活性更强的函数形式，如超越对数形式的函数，会因估计效率受损而显著降低其确定非完全竞争市场结构的能力。比如，当真实市场结构为四厂商古诺寡头时，使用超越对数模型进行估计错误拒绝原假设的概率是使用正确设置的柯布—道格拉斯模型的 4~8.5 倍。由于结构模型方法的效果对模型的设置非常敏感，在对比结构模型方法所得结果与使用 Hall 方法所得结果时要异常小心。

Hall方法的主要长处在于易于使用且所需数据相对较少。模拟结果证明，当行业规模报酬不变时，Hall方法的效果较好。然而，不论行业实际情况从任何方向偏离规模报酬不变假设——规模报酬递增或规模报酬递减——Hall方法所得出结果都会发生巨大变化。规模报酬递增使得价格加成系统性的估计过低，而规模报酬递减使得价格加成系统性的估计过高。另外，模拟中随机误差项的大小对Hall方法拒绝错误假设的能力也有较大的影响。在没有其他信息的情况下，并不能依据Hall方法估计的价格—边际成本加成来确定市场力量的程度。

Panzar-Rosse简化形式模型方法相对于结构模型方法而言要易于运用，但不幸的是，对于大多数模型，这种方法并不能区分合谋和完全竞争。总体上，对Panzar-Rosse关键检验统计量的估计会受到简化形式收入函数的设置的显著影响，并且对那些包括在内的生产要素非常敏感。

总而言之，在理想条件下，结构模型方法和Hall简化形式模型方法能够有效地发挥作用。如果有理由相信厂商的规模报酬不变而想要检验的是行业是否为完全竞争的，则Hall简化形式模型方法相当具有吸引力，因为其易于使用，对数据的要求相对结构模型方法而言并不高，对模型设置中可能出现的偏差不那么敏感。但是，如果并不能确定厂商是否为规模报酬不变，或者需要直接估计市场力量程度，那么结构模型方法是唯一实用的方法。

第6章 新经验产业组织的应用及实际问题

在新经验产业组织的研究中，需要估计成本函数和需求函数，而在估计成本函数和需求函数之前，要对相关市场进行明确的界定。只有在正确界定市场的基础之上，估计成本函数和需求函数才有意义。因此，本章研究市场界定、成本函数估计和需求函数估计在实际中的应用情况。由于本书的重点在于介绍在新经验产业组织研究中所使用的方法，本章着重分析在市场界定、成本函数估计和需求函数估计中所使用的各种方法。在介绍这些方法的理论基础、实际使用情况的同时，也对这些方法做一些评论。本章的结构安排如下。

第一节介绍实际生活中市场界定的各种方法，如价格关联分析、自然实验、假定垄断者检验等。

第二节介绍实际生活中对成本函数进行估计的各种方法，如传统的生产函数之成本函数估计、前沿面分析方法和工程学方法等。

第三节介绍实际生活中对需求函数进行估计的各种方法，产品市场可以分为连续选择产品市场和离散选择产品市场，也可以分为同质产品市场和异质产品市场，因此对需求函数方法的介绍分两部分来介绍：连续选择需求函数的估计和离散选择需求函数的估计。而在连续选择需求函数估计方法的介绍中，又分别对同质产品市场和异质产品市场加以介绍，由于在离散选择需求模型中往往刻画的都是对异质产品的需求，主要介绍横向差异模型和纵向差异模型。

6.1 市场界定

在欧美司法体系中，法院都要求竞争当局或反托拉斯当局在评估竞争效果之前必须先界定市场。此外，在其他司法体系中也较多地使用市场份额或集中度来定义安全港，这些都要求竞争当局对市场进行界定。而在国际上，竞争当局在考察市场竞争状况时，第一步就是界定市场，需要使用厂商的市场份额来了解可能存在的潜在问题。

在本节中，首先解释在市场界定中的一些基本概念，然后讨论在界定相关市场中主要适用的定量方法。

6.1.1 在市场界定中使用的基本概念

市场界定在竞争评估中占据非常重要的位置，也备受争议。当界定相关竞争政策市场时，我们试图界定定价相互制约或竞争（质量、服务、创新）等维度的产品的集合。如果厂商产品之间是紧密竞争性替代的，那么厂商就不能将价格提高多少，而这两个厂商之间的竞争也会使得产品价格接近于生产成本。因此，竞争政策的市场界定与市场力量直接相关，事实上，对竞争政策市场的通常描述就是"值得垄断化"的市场。

6.1.1.1 市场与市场力量

市场力量常常被定义为厂商将自己产品的价格提高到竞争性水

平之上的能力。如果厂商的产品在市场上存在很多替代品，则该厂商的市场力量就比较有限。例如，考虑一个垄断电力供应商的情形，如果消费者必须使用电力才能生存，那么不论电力价格多高，消费者也会购买。在这种情形下，垄断电力供应商具有巨大的市场力量。如果消费者能够相对方便地转为利用其他能源，如石油、天然气等，那么垄断电力供应商的市场力量就会受到限制——其并不能随意地提高产品价格。

6.1.1.2 供给可替代性和需求可替代性

限制市场力量的关键因素是需求可替代性的程度、供给可替代性的程度及性质，尤其是供给可替代性的程度及性质。在对市场进行界定时，一般需要涉及市场的两个维度：产品市场界定维度和地理市场界定维度。在原则上，产品市场应该和地理市场一起加以考虑。但在大多数实践中，都是先验证产品市场的需求可替代性和供给可替代性，然后才考虑地理市场的需求可替代性和供给可替代性。

需求可替代性描述的是当某种产品价格提升时，消费者转向其他替代产品（产品市场界定）的程度或者其他地方市场（地理市场界定）的程度。例如，如果金的价格上升，那么一些消费者可能会多购买银而少购买金。如果厂商试图提高产品价格，而"足够多的"消费者转向购买这种产品的替代产品，那么厂商提价能力就受到限制。而在对市场进行界定时，如果购买这种产品以应对另一种产品价格提升的情况的消费者"足够多"，那么在竞争政策市场的界定中就会纳入这种替代产品。需求方面的地理市场界定考虑的则是，当某地产品价格上升时，消费者转向另一地市场购买产品的程度。

供给可替代性考虑的则是当产品价格提高时供应者的反应。当价格提高时，消费者会做出反应，而竞争性供应者也会做出反应，因为这种产品价格的提高使得他们也有进入该市场进行生产的积极性。比如，生产蛋糕和生产面包所用设备相近，当蛋糕价格提高时，原本的面包供应者就会考虑是否转向生产蛋糕，在对相关市场进行界定时，理论上也应该考虑到当价格提升时所引起的供应商转向他行的因素。但在实际中，如美国国会对市场界定的通告①中并不要求将潜在进入者看作供给可替代性的来源之一。

6.1.2　价格水平差异和价格关联

在确定哪些产品应该归入产品市场时，最常用的方法就是验证价格差异和价格关联。由于价格差异和价格关联所需数据较少，计算起来也很简单，其经常作为经验证据出现。关联分析基于非常直观的假设：替代品的价格应该向同一个方向变动。尽管这一命题非常简单，但应用起来并不总是直接明了，如果未充分考虑到错误结论的影响，则会造成非常严重的偏差。在这一部分将要讨论的是使用这种方法界定市场的合理性以及有效运用这种方法需要注意的问题。

6.1.2.1　单一价格原则

"单一价格原则"说的是同质产品的销售商为所售商品必须设置相同的价格。一个销售商如果降低所售商品的价格，就会供应市场上所有的同质产品而其他同质产品销售商则难以实现销售。如果销售商将所售商品的价格提高，高于其竞争对手，其也不会有什么销

---

① Commission Notice on Market Definition, OJ C 372 9/12 1997.

售。只有最低价格的销售商才能售出产品，则在均衡中所有销售商所设置价格都相同。

在形式上，如果产品1和产品2是完全替代品，则产品1的需求为：

$$sD_1(p_1,\ p_2) = \begin{cases} 0 & \text{如果} p_1 > p_2 \\ D(p_1) & \text{如果} p_1 < p_2 \\ \frac{1}{2}D(p_1) & \text{如果} p_1 = p_2 \end{cases}$$

即使商品在不同的地理位置销售而消费者会考虑到"经运输后"商品的价格，扩展的"单一价格原则"表明，完全替代品的价格趋近，直到两者之间的差异仅为运输成本的差异。

"单一价格原则"仅仅适用于完全替代品的情形。当然大多数商品都不存在完全替代品，而可能是足够相近的替代品从而使得需求序列与价格序列是紧密相关的。那么根据"单一价格原则"，价格水平的相似性可以用来解释紧密替代品。更进一步，价格关联分析就是基于紧密替代品的价格一起发生变动。这意味着可以预期替代品的价格在不同时间或者不同地理位置也会一起发生变动。因此，当试图理解产品之间的可替代性时，价格水平的相似程度以及价格一起变动的现象都是有用的。

6.1.2.2 价格关联分析的应用及限制

在Nestlé-Perrier（雀巢-巴黎水）合并案中，关键的问题在于相关市场究竟是纯净水（Still Water）市场、饮用水（Water）市场还是非酒精饮料市场。对每种市场中不同品牌之间的关联度进行计算，结果如表6-1所示，品牌分别从A到I加以标记，反映了纯净水（A~C）、苏打水（D~F）和软饮料（G~I）中各种品牌产品的价格关联度。

表6-1　不同品牌之间的价格关联度

	A	B	C	D	E	F	G	H	I
	纯净水（A~C）、苏打水（D~F）、软饮料（G~I）								
A	1								
B	0.93	1							
C	0.91	0.94	1						
D	0.91	0.85	0.86	1					
E	0.94	0.97	0.95	0.92	1				
F	0.94	0.99	0.96	0.88	0.99	1			
G	0.11	0.05	−0.01	0.33	−0.02	0.01	1		
H	−0.57	−0.55	0.25	0.16	0.24	0.27	0.17	1	
I	−0.77	−0.75	−0.81	−0.86	−0.86	−0.79	0.33	0.11	1

资料来源：Charles River International（Previously Lexecon），"Beyond Argument：Defining Relevant Markets，" http：//www.crai.com/ecp/assets/beyond_argument/ pdf。转引自 Davis Peter，Garcés Eliana，*Quantitative Techniques for Competition and Antitrust Analysis*，Princeton University Press，2009。

可以清楚看出，相关市场应该是饮用水（Water）市场，包括纯净水和苏打水，但是不包括软饮料（非酒精饮料）。纯净水和苏打水品牌之间的价格关联度与纯净水品牌之间的价格关联度相似，大致在0.9附近。相比较而言，纯净水和软饮料品牌之间的价格关联度很低，甚至为负。因此，在界定相关市场时，应该包括纯净水市场和饮用水市场。

为了理解价格关联背后的含义，①需要知道两种差异产品价格背

---

① 对价格关联分析应用的批评，可以参见 Werden Gregory J.，Froeb Luke M.，"Correlation，Causality，and All that Jazz：The Inherent Shortcomings of Price Tests for Antitrust Market Delineation，" *Review of Industrial Organization*，1993，Vol. 8（3）；而 Sherwin 对此作出了回应，Sherwin Robert A.，"Comments on Werden and Froeb—Correlation，Causality，and All that Jazz，" *Review of Industrial Organization*，1993，Vol. 8（3）。

后的含义。产品价格是由生产成本、市场需求、替代品存在情况及价格决定的。当使用价格关联分析来确定两种产品是否处于同一市场时，需要假定决定价格一起变动的主要因素是产品价格对消费者行为的影响。然而，还有很多与这两种产品之间的消费者替代无关的因素，使得这两种产品的价格一起变动而存在正的关联度。特别地，成本因素可能一起变动且相关联的需求冲击及趋势也能使我们产生一种错误判断：这两种产品的价格相互影响。

考虑两种产品需求函数为：

$$q_1 = a_1 - b_{11}p_1 + b_{12}p_2$$
$$q_2 = a_2 - b_{22}p_2 + b_{21}p_1$$

假设两种产品是由不同厂商生产的，其分别为实现自身利润最大化而使用价格作为竞争变量。可以计算每个厂商的反应函数，然后求这两个反应函数的解，这样就找到了该需求组中价格的纳什均衡解。这两个厂商的反应函数分别为：

$$p_1 = \frac{c_1}{2} + \frac{a_1 + b_{12}p_2}{2b_{11}}$$
$$p_2 = \frac{c_2}{2} + \frac{a_2 + b_{21}p_1}{2b_{22}}$$

其中，c_1 和 c_2 分别是产品 1 和产品 2 的边际成本。通过计算，可得这两种产品的纳什均衡价格：

$$p_1^{NE} = \left(\frac{4b_{11}b_{22}}{4b_{11}b_{22} - b_{12}b_{21}}\right)\left[\frac{c_1}{2} + \frac{a_1}{2b_{11}} + \frac{b_{12}}{4b_{11}}\left(c_2 + \frac{a_2}{b_{22}}\right)\right]$$
$$p_2^{NE} = \left(\frac{4b_{11}b_{22}}{4b_{11}b_{22} - b_{12}b_{21}}\right)\left[\frac{c_2}{2} + \frac{a_2}{2b_{22}} + \frac{b_{21}}{4b_{22}}\left(c_1 + \frac{a_1}{b_{11}}\right)\right]$$

可以看出，价格取决于需求函数的截距（a_1 和 a_2）、自身价格弹性（b_{11} 和 b_{22}）、交叉价格弹性（b_{12} 和 b_{21}），同时也取决于这两种产品的成本。

假设 $b_{12} = b_{21} = 0$，那么这两种产品在需求可替代性上完全不相关，则纳什均衡价格为：

$$p_1^{NE} = \frac{c_1}{2} + \frac{a_1}{2b_{11}}$$

$$p_2^{NE} = \frac{c_2}{2} + \frac{a_2}{2b_{22}}$$

可以看出，即使产品在需求上不相关也并非替代品，也可能发现正的价格关联。

如果两种产品使用相同的投入品，而这些投入品的价格发生波动，那么在生产这两种产品中所耗费的成本之间就存在正的关联。例如，航空业和轮胎业都使用石化制品作为投入品，当原油价格发生变动时，这两个行业的成本都会发生变动，从而这两个行业的价格也会存在正的关联度 $cov(c_1, c_2) \neq 0$，很明显，将这两个行业定为相关市场是有问题的。另外，考虑两种在需求变动上存在一定的相关度的情形，如汽车行业和酒店行业。一般而言，如果人们收入水平提高，那么汽车购买量以及酒店入住率就会上升，在其他情况不变时，这两个行业所提供产品及服务的价格也会上升，$cov(a_1, a_2) \neq 0$，很明显，将这两个行业定为相关市场也是有问题的。

6.1.3 自然实验

价格关联分析可以通过估计两种产品价格一起变动的程度来衡量这两种产品的可替代程度。一方面，相对直接估计两种产品需求之间的交叉价格弹性而言，价格管理分析所提供的证据是非常间接的。另一方面，这种方法非常简单，不用真正估计需求函数。而自然实验或者"冲击分析"在应用于价格时，逻辑与之类似，但在控制验证可替代性所用数据的变动来源时要谨慎得多。在进行自然实验时，不是首先评估价格关联然后审查对其来源的解释，而是分析当所考察产品价格发生外生冲击时，其他产品的变化情况。冲击分析是获得需求自身价格弹性和交叉价格弹性的最简单方法，而不需要进行复杂的计量分析。这种方法不仅简单易用，而且经常能够提供一些有用的信息，从而有助于市场界定。当然在进行冲击分析时，分析者需要保证原始价格发生变动的根源是外生的且不受消费者或竞争者的市场条件所影响。

假设突然发生未曾预料到的产品A的价格 P^A 降低，如图6-1所示。

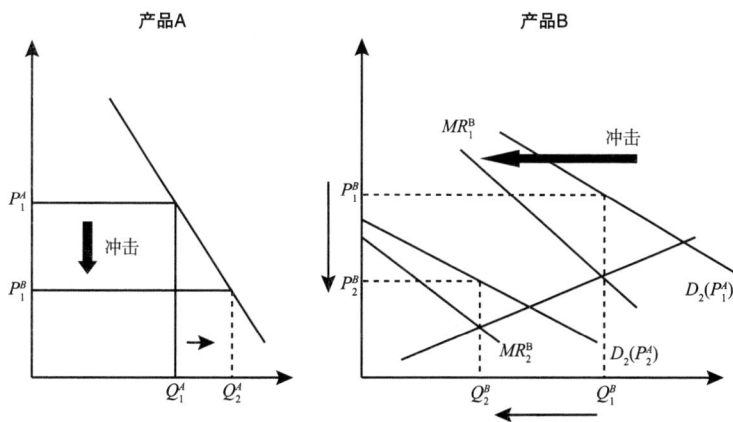

图6-1 一种产品价格冲击对另一种产品的影响

产品A价格的外生变动可能传导至产品B的价格、产品B的数量、产品A的数量。

一旦 P^A 发生所观测到的外生变化，就可以通过 Q^A 和 Q^B 的变化得到需求的自身价格弹性和交叉价格弹性变化。如果 P^A 降低导致 Q^A

的急剧增加和 Q^B 的急剧减少，则可以说明 A 和 B 是需求替代的。与之前的价格关联分析相近，A 价格的下降可能会导致 B 价格的降低。在理想状态下，应该需要所有的价格和数量信息，不过在现实生活中数据经常不全，可能只有价格数据。

应用这种方法的关键在于价格的初始冲击是外生的，从而与 A 或 B 的需求无关，也与 B 投入品的成本无关。不幸的是，很难有这样的情形出现。

在现实生活中有这样一个例子：1996 年，美国康涅狄格州纽黑文市的一家影院决定降低其新上线电影的午夜成人场票价，为期三周，这样一种不寻常的变动被当地新闻广泛报道。有学者对此进行了研究，考察了该影院周边影院的反应。如果一个影院降低了票价，那么消费者就有可能从其他影院转移到该影院来看电影，如果周边影院为争取消费者而展开竞争，那么很有可能周边影院也会降价。所得出结果如表 6-2 所示。

表 6-2　影院反应

	影院	连锁店	定价策略（反应）
1	Showcase Orange	National Amusement	三周，4.50 美元
2	Showcase North Haven 8	National Amusement	三周，4.50 美元
3	York Square（art house）	独立	无变化
4	Branford 12	HOYTS	三周，5 美元
5	Showcase Milford	National Amusement	无变化
6	Milford Quad	National Amusement	无变化

资料来源：Peter Davis, "Estimating Multi-way Error Components Models with Unbalanced Data Structures," *Journal of Econometrics*, 2002, 106。

上面这个例子是价格"外生"变动的营销实验。如果关于外生价格变动的营销实验的直接证据不可得，那么需要使用来自要素"外生"变动方面的证据，这些要素变动会影响产品的需求或供给，从而可以据此推测该产品与其他产品之间的可替代程度。这样就可以使用回归方法来进行分析。

6.1.4 直接估计替代效应

有时可以直接估计产品与潜在替代品之间的可替代程度。为此，需要使用消费者层面的关于消费者所面临选择的数据以及所作出的实际选择数据或者每种产品的所有销售数据。在这里，介绍直接估计替代效应的方法——分配比率（division ratios）。

分配比率指的是，当产品1的价格上升时，市场流向产品1的销售比例。考虑如下差异化产品需求曲线：

$$q_1(p_1, \ p_2) = a_1 - b_{11} p_1 + b_{12} p_2$$
$$q_2(p_1, \ p_2) = a_2 - b_{22} p_2 + b_{21} p_1$$

参数 b_{11} 指的是当 p_1 上升一单位时，产品1销量的损失额；参数 b_{21} 指的是当产品1价格上升时，产品2销量的增加额。那么，分配比率：

$$D_{12} = \frac{b_{21}}{b_{11}} = -\frac{\partial D_2 / \partial p_1}{\partial D_1 / \partial p_1} = -\frac{\partial D_2 / \partial \ln p_1}{\partial D_1 / \partial \ln p_1}$$

最后一个等式也可以表示价格上升1%时所产生的效应。p_1 上升之后，一些损失的销量流向"外部产品"，也就是说，消费者会降低产品1和产品2的购买总量。因此，即使只有两种产品，分配比率也不大可能等于1。

要估计分配比率，就必须知道消费者针对产品价格发生变动时如何做出反应，需要知道消费者的偏好。有两种方法来探知消费者偏好，第一种方法是观察消费者的选择，然后在假设消费者特征不变及其可能选择集不变的前提下对其选择进行解释。在这种情况下，使用的是消费者"显示出来的"偏好方面的信息。第二种方法是直接询问消费者，假设其面临特定选择集合时会做出何种选择。在这种情况下使用的就是"表达出来的"偏好方面的信息。

6.1.5　使用运输数据来界定地理市场

Elzinger 和 Hogarty 提出了一种两阶段地理市场界定方法。[1]这两个阶段分别被称为"内部的少量流出"（Little Out from Inside，LOFI）和"外部的少量流入"（Little in from Outside， LIFOUT）。给定一候选市场区域，LIFOUT 检验考虑的是：是否差不多所有购买都来自该区域内部，还是存在显著的"进口"。类似的，给定一候选市场区域，LOFI 检验考虑的是：是否差不多所有产品都在该区域得以消化，还是存在显著的"出口"。直接来讲，进出口表明存在竞争市场的互联互通。有时也将 LOFI 称作检验的"供给"方面，其主要是关于来自候选区域产品的归属，而将 LIFOUT 称作检验的"需求方面"，其主要是关于候选市场区域中消费者的购买情况。联合检

---

① Elzinger K., Hogarty T., "The Problem of Geographic Market Delineation in Antimerger Suits," *Antitrust Bulletin*, 1973, 18; Elzinger K., Hogarty T., "The Problem of Geographic Market Delineation Revisited: The Case of Coal," *Antitrust Bulletin*, 1978, 23.

验（LIFOUT+LOFI）的大体思想是将候选市场区域扩展至该检验的"需求"和"供给"都得到满足的市场区域。

为使这种检验方法具有可操作性，必须先界定什么算是"小"（little）。Elzinger 和 Hogarty 建议，如果该区域产品只有 25% 是"出口"或者"进口"，那么就可以分别将其看作 LOFI 或者 LIFOUT。

要运用 LOFI 检验，就首先从最大的厂商或工厂开始，找出该工厂 25% 的运量流向何处。那么 LOFI 检验的就是下式是否成立：

$$LOFI = 1 - \frac{区域内工厂流向内部的运量}{候选区域生产量}$$

$$= \frac{出口}{候选区域生产量} \leqslant 25\%$$

如果成立的话，LOFI 检验符合，因为工厂生产的"差不多所有"产量都流入该区域。如果检验不符合，那么必须对该区域进行扩展以寻得一个适合的区域来使该检验符合。一种选择是找出前候选区域内所有厂商产量 75% 所符合的最小区域。如果区域的扩展不会包括一些新工厂，那么这一程序必然能得到一个满足 LOFI 检验的地理市场。但如果区域扩展会包括一些新工厂，那么就需要另做打算。

LIFOUT 检验的是候选区域内消费者的购买行为，研究下式是否成立：

$$LIFOUT = 1 - \frac{区域内消费者购买量}{候选区域生产量}$$

$$= \frac{出口}{候选区域生产量} \leqslant 25\%$$

对此检验的批评是现存供给或需求"流"可能并不能提供市场力量方面的信息。特别的，一些消费者使用区域外医院的医疗服务事实并不意味着该区域内医院提高价格就会引起"进口"的急剧增加。另一些批评则是，如果LIFOUT或者LOFI检验在一些候选区域内不符合，就需要扩展市场区域，考虑更大范围的候选市场。但这样做既改变了消费者集合，也改变了生产设置集合，故在更大范围的候选市场中LIFOUT和LOFI检验有可能仍然不符合。在一些案例中，所研究地理市场范围可能需要无限扩大。

6.1.6　测量定价限制

关于定价限制的一种观点是，其直接来源于同一市场中厂商的竞争。没有市场竞争，厂商就不会面临定价限制，只会定价过高，消费者放弃购买，因此没有竞争对手的厂商总是有提价的积极性。这些观测表明，可以将市场界定看作是对一系列产品的界定，如果厂商是垄断者的话，来自市场外部较弱替代品的限制可能不足以影响垄断者提价的积极性。因而可以认为反托拉斯市场是"值得垄断化"的产品的组合。这就是假定垄断者检验（Hypothetical Monopolist Test，HMT）所基于的思想。这种检验主要是围绕价格进行的，不过原则上也可以应用于相关非价格变量。这就是说，价格经常是短期竞争的重心，经常需要考虑垄断者是否有激励实施"一个小的非临时性但显著的价格提升"（Small，Non-transitory but Significant Increase in Price）行为策略。

6.1.6.1　假定垄断者检验

基于价格进行假定垄断者检验，SSNIP检验的基本思想是市场中产品作为一个群体不会受到外部市场产品的显著定价约束。假设市场中包括所有品牌的瓶装纯净水，电池的价格不可能对瓶装纯净水的定价造成影响，从而不予考虑。但苏打水的定价呢？SSNIP检验会计算瓶装纯净水垄断者提高价格是否会使得一部分利润流向苏打水生产商。如果不是的话，那么就可以得出结论，苏打水与纯净水并不是同一个竞争市场。如果是的话，在市场界定时就应该考虑苏打水。追求利润最大化的垄断厂商必须同时拥有苏打水工厂和纯净水工厂才能"实施市场力量"。

将市场视作"值得垄断"产品的组合的逻辑表明，可以基于所假设市场竞争中产生的定价约束来界定市场。市场可以被界定为假定垄断者有激励提高价格的产品的最小集合。如果所设定的候选市场规模过小，那么垄断者所面临的外部市场的产品的替代性就强，从而没有积极性去提高价格。

因此，假定垄断者检验所要测量的是，设定市场内的外部产品是否会对给定产品集合施加显著的价格限制影响。为此，HMT假设所设定市场内的所有产品都为一个利润最大化生产者所有。如果假定垄断者发现提高价格是有利可图的，那么所设定市场内的外部产品所施加的限制不足以使得假定垄断者认为提高价格是无利可图的。换句话说，市场竞争使得价格处于低位。在实践中，大多数司法系统会使用SSNIP检验，其考虑的是"一个小的非临时性但显著的价格提升"对于假定垄断者而言是否有利可图。通常"一个小的非临时性但显著的价格提升"指的是每年5%~10%的水平。

假定垄断者检验的决策树如图6-2所示。

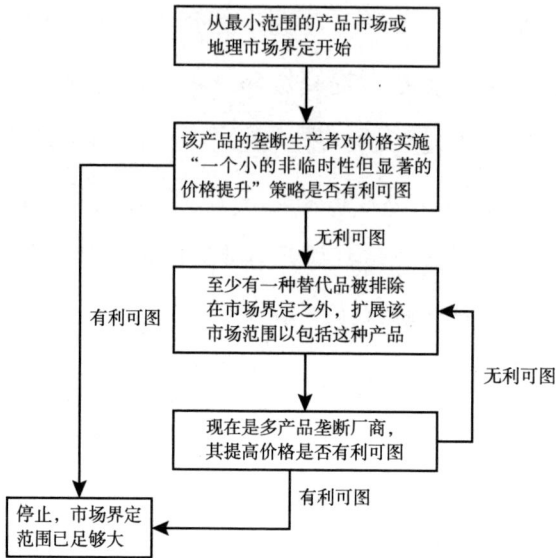

图6-2 HMT决策树

在进行HMT分析时，先从最小范围的产品市场或地理市场界定开始，一般将其称为"焦点产品"，然后评估该产品的垄断者在一年时间内价格提高5%~10%是否有利可图。如果有利可图的话，该单个产品市场就是反托拉斯市场。如果无利可图的话，就必须纳入"最紧密"的替代品，该产品为消费者在面临涨价时的最优备选项。再设一个假定垄断者，这时产品集合得到了扩展，重复前述操作，评估垄断者在一年时间内涨价5%~10%是否有利可图？只要答案为"无利可图"，这一过程就一直持续下去。"无利可图"意味着当前候选市场界定中至少缺少一个好的替代品，而所缺失的产品限制了垄断者提高价格行为的盈利性。当所确定的产品集合确实使得假定垄断者提高价格有利可图而不会使消费者转而购买外部产品时，那么这一过程就可以终止。反托拉斯市场就被定义为产品的最终集合，"值得垄断化"的产品集合。

SSNIP 检验需要评估当候选市场中所有产品都提价 5%~10% 时假定垄断者是否有利可图。考虑单一产品候选市场,假定垄断者的利润函数为:

$$\Pi(p_t) = (p_t - c)D(p_t) - F$$

简单起见,假设边际成本为不变常数。价格从 p_0 增加到 p_1 导致的利润增加可表述为:

$$\Pi(p_1) - \Pi(p_0) = (p_1 - p_0)D(p_1) - (p_0 - c)\big[D(p_0) - D(p_1)\big]$$

其中,等式的第一项为以 p_1 进行销售时因价格的增加而带来的收入增加,而第二项为因价格增加后销售量降低而导致的边际损失。问题的核心在于在新价格下的销售量降低从而导致的可变利润降低部分是否足以抵消涨价带来的收入增加。

很明显,SSNIP 检验的关键假设是当存在好的替代品时,需求的降低幅度会很大。实际上,可以证明只要垄断者价格加成小于其自身价格弹性的倒数,提价就是有利可图的。

在标准模型中,单一产品的假定垄断者所处环境是一个潜在的差异化产品市场,其利润最大化问题为:

$$\max_{p_1} \Pi(p_1, p_2, \cdots, p_j) = \max_{p_1} (p_1 - c)D(p_1, p_2, \cdots, p_j)$$

只要价格增加利润就会增加,垄断者就会提高价格,也就是说,只要下面条件成立,垄断者就会提高价格:

$$\frac{\partial \Pi(p_1, p_2, \cdots, p_j)}{\partial p_1} = (p_1 - c)\frac{\partial D(p_1, p_2, \cdots, p_j)}{\partial p_1} + D(p_1, p_2, \cdots, p_j)$$
$$\geq 0$$

重组可得:

$$\frac{(p_1 - c)}{p_1} \leqslant -\frac{D(p_1, p_2, \cdots, p_j)}{p_1}\left[\frac{\partial D(p_1, p_2, \cdots, p_j)}{\partial p_1}\right]^{-1}$$

$$= \frac{1}{\eta_{11}(p_1, p_2, \cdots, p_j)}$$

那么就需要计算当价格位于 p_1^{comp} 与 $p_1^{5\%} = 1.05 p_1^{comp}$ 之间或者 p_1^{comp} 与 $p_1^{10\%} = 1.10 p_1^{comp}$ 之间时，上述不等式是否成立。

对于地理市场的界定，需要考虑商品从外部市场运输至候选市场的成本。这依赖于产品为同质的以及购买者对产品来源不关注的假设。如果运输成本很低从而假定垄断者价格增加10%会导致大量低价同质产品从其他地方流入，则候选市场范围需要加以扩展以包括那些流出产品的区域。因此，经常在界定地理市场的实践中会考虑现存运输活动及运输成本。

6.1.6.2　临界损失分析

临界损失分析在概念上与假定垄断者检验紧密相关。也需要使用需求特别是需求的自身价格弹性方面的信息来推断由替代品所施加的价格限制。在临界损失分析中关注的是：销售量需要降低多少才能使价格提升 $x\%$ 无利可图？在标准同质产品模型中，这一问题可转化为如下公式[①]：

[①] 临界损失公式推导如下：当价格增加后所得利润等于原始价格时所得利润，即 $\Pi(p_1) - \Pi(p_0) = (p_1 - p_0)D(p_1) - (p_0 - c)[(D(p_0) - D(p_1))] = 0$

重组可得：

$(p_1 - p_0)[D(p_1) - D(p_0) + D(p_0)] - (p_0 - c)[D(p_0) - D(p_1)] = 0$

$[p_1 - p_0 + (p_0 - c)][D(p_1) - D(p_0)] + D(p_0)(p_1 - p_0) = 0$

$\dfrac{D(p_1) - D(p_0)}{D(p_0)} = -\dfrac{p_1 - p_0}{p_0} \bigg/ \left(\dfrac{p_1 - p_0}{p_0} + \dfrac{p_0 - c}{p_0}\right)$

这等价于：

$$临界损失 = 100 \times \frac{价格增加百分比}{价格增加百分比 + 初始加成百分比}$$

$$\text{临界损失} = 100 \times \frac{\text{价格增加百分比}}{\text{价格增加百分比} + \text{初始加成百分比}}$$

考虑初始价格加成为60%，则当价格提升5%时，临界损失百分比就为：

$$\begin{aligned}\text{临界损失} &= 100 \times \frac{\text{价格增加百分比}}{\text{价格增加百分比} + \text{初始加成百分比}}\\ &= \frac{100 \times 5\%}{5\% + 60\%}\\ &= 7.7\%\end{aligned}$$

如果价格上升5%所导致的需求量下降幅度超过7.7%，则价格增加是无利可图的，需要对候选市场范围进行扩展。

在多产品市场框架下，最简单的方法是假设市场中所有产品都是有效的完全替代品。这样，就只有一个相关价格，SSNIP检验只需要评估的自身需求价格弹性是否足够高以使得提价5%也无利可图。但一般而言这种简化是不符合实际的，需要考虑市场中产品之间不完全替代的情形。

设定候选市场需求弹性为 $\eta^{M_1}(p_1, p_2, \cdots, p_J)$，需要评估的是在 p_1^{comp} 与 $p_1^{5\%} = 1.05 p_1^{comp}$ 之间，候选市场的外部产品价格保持不变时，下式是否成立：

$$\frac{p_1 - c}{p_1} \leqslant \frac{1}{\eta^{M_1}(p_1, p_2, \cdots, p_J)}$$

如果弹性足够低，那么假定垄断者就有激励提高价格，在这种情况下，可以近似假设候选市场中，产品为同质的从而存在单一价格及候选市场需求函数及其对应的弹性，从而得出如下公式：

$$\eta^{M_1}(p_1, p_2, \cdots, p_J) = \frac{\partial \ln D^{M_1}(p_1, p_2, \cdots, p_J)}{\partial \ln p_1}$$

实际上，很多市场都包括差异化产品，在数据足够多的前提下，在确定该组产品价格统一提高是否对假定垄断者而言有利时，就可以关注候选产品组内部产品之间的替代关系。

6.1.7 小结

在大多数竞争情形考察中，市场界定仍然是一项重要的司法诉求。然而，市场界定并不是竞争情形考察的终点，因此，并没有太大的必要在市场界定上花费过多的时间和资源，毕竟最主要的目标是评估所考察市场中厂商行为变化带来的效果。

假定垄断者分析为市场界定提供了标准的概念框架，则有很多方法可用于这种检验，一些方法需要保持候选市场之外所有情况不变，而另一些方法则不需要。运用这些方法所得到的结果取决于所采用的方法。如果候选市场的外部产品对内部产品有显著的需求或供给可替代性，则假定垄断者不会有多大的市场力量。因此，市场界定需要确定市场中产品相互之间具有一定的替代性，从而可以对每个厂商的市场力量施加一定的限制。

在理论上，当厂商进行价格竞争时，HMT检验可以用来评估假定垄断者提价是否有利可图。相关的SSNIP检验评估的是候选市场中"一个小的非临时性但显著的价格提升"是否有利可图。在实际操作中，这些评估一般都会"依次"进行，也就是说，是基于收集的所有证据进行市场界定而非仅基于一种方法来进行。

关联分析方法操作较为简单，其有赖于决定价格一起变动的产品之间的替代程度。其在界定市场时非常有效，但要有效地加以应用常常需要进行交叉检查以确定价格确实是由可替代性驱动而变动而不是由共同的需求或价格波动所导致的。

自然实验（"冲击分析"）作为一种有效工具，有赖于对价格等结果变量的外生冲击效果。在最好的情景下，自然实验所提供的外生变动非常有利于进行计量检验。不幸的是，自然实验并不总是可以加以应用，必须仔细考虑进入等事项在计量上是否真的是外生的。

当然也可以通过分析购买模式和行为来直接估计需求的替代效应。也可以利用计量方法估计自身价格弹性和需求价格弹性，尽管使用这种方法作为司法证据并不是一件容易的事情。

为了正式进行SSNIP检验，仅估计需求的自身价格弹性和交叉价格弹性并不够，还需要一个标准来评估这些自身价格弹性和交叉价格弹性是否足以使得将价格提升到竞争性水平之上后仍有利可图。临界损失分析则提供了这样一种评估方法。

6.2　成本函数的估计

成本函数是厂商盈利性的关键组成部分。本节的目的在于描述在确定真实世界中成本函数形状的可用工具。在Viner的研究①中，其将厂商规模和市场结构联系起来，提出了"成本结构"理论。Viner认为，至少在短期，厂商的平均成本函数实际上很可能是"U"形的。另外，即使在长期，如果一些生产要素如土地的供给固定，成本函数也很可能是"U"形的。"U"形成本函数意味着厂商的供

① Viner J., "Cost Cures and Supply Curves，" in Zeitschrift für nationalökonomie3，Reprinted in Stigler and Boulding，Readings in Price Theory，Chicago，IL：Irwin，1950.

给规模会由其成本函数的形状决定从而厂商规模相对于市场规模而言是很小的，这至少可部分确认价格接受厂商是一种可接受的长期假设。如果这样的话，在长期，新厂商进入会使得价格降低，直到厂商运营规模达到其平均成本的最低点，此时平均成本等于生产边际成本（也等于价格）。而在自然垄断情形中，平均成本不断下降，从而要达到高效率生产则一个自然垄断市场中只存在一个厂商。在两种情况下，Viner的市场结构理论可以使用厂商成本函数的形状来作核心解释。而Sraffa[①]在讨论厂商是否能足够小以使得可以将其看成原子式的问题时特别考察了成本函数的形状。

在现实生活中，有时一些行业只存在少数几个较大的厂商。有可能是由于较大市场份额的厂商享受了进入壁垒带来的益处从而能够使用市场力量来将价格定在大幅高于成本的水平上，这会损害消费者福利。然而，也有可能是这些厂商的生产效率很高从而规模很大。如果反托拉斯当局将这些高效率大厂商拆分成低效率小厂商的话，会损害消费者福利。

在并购和规制框架下考虑成本非常重要。在并购考察中，赞成并购的一个理由是，即使会增强厂商的市场力量，但会使得单位成本下降。出现这种情况的可能原因是，并购会促成规模经济。类似的，在规制经济学框架下，规制者经常将价格设置为成本的一定函数。在这一过程中，要设置一种相关的成本衡量以及估计其价值，规制者面临着巨大的困难，即得到适合且有意义的数据。

---

① Sraffa P., "The Law of Return under Competitive Conditions," *Economic Journal*, 1926, 36.

由于前文介绍了经济成本和会计成本之间的巨大差距，本节首先介绍对成本函数的传统估计，然后介绍其他估计方法，如"前沿面"（Frontier）模型的使用，包括效率前沿面分析（Efficient Frontier Analgsis，EFA）、随机前沿面分析（Stochastic Frontier Analysis，SFA）和数据包络分析（Data Envelopment Analysis，DEA）。

6.2.1　对成本函数的传统估计

对成本函数的传统估计由于存在很多困难而变得非常复杂。除了要获得合适的数据，还要构建合理的理论框架、使用合适的计量技巧。在这一部分先介绍成本估计方面的主要经验问题，然后用案例说明这一方法存在的问题和有效之处。

6.2.1.1　理论框架

在直觉上，成本只是简单的各要素费用的加总，但由于厂商投入品之间存在相互替代的可能性，这一问题在现实中变得非常复杂。为说明这一点，先考虑不存在替代可能性的情况——固定比例生产函数。

固定比例生产函数为：

$$Q = \min\left\{\frac{I_1}{\alpha_1}, \quad \frac{I_2}{\alpha_2}, \quad \cdots, \quad \frac{I_n}{\alpha_n}\right\}$$

其中，I_1，I_2，$\cdots$，I_n为投入品；α_1，α_2，$\cdots$，α_n为生产单位产品所需要的投入品数量。在固定比例生产函数中，各种要素之间不存在替代关系。而一般的生产函数为：

$$Q = f(I_1, \quad I_2, \quad \cdots, \quad I_m; \quad \alpha_1, \quad \alpha_2, \quad \cdots, \quad \alpha_m)$$

其中，I_1，I_2，$\cdots$，I_m 为劳动力、资本、其他物料等投入品；而 α_1，α_2，$\cdots$，α_m 为参数。最著名的可变比例生产函数为柯布—道格拉斯生产函数：

$$Q = \alpha_0 L^{\alpha_1} K^{\alpha_2}$$

首先，在柯布—道格拉斯型生产函数中，要生产一定的产品，必须至少有一定的资本和劳动力投入。其次，当根据柯布—道格拉斯生产函数写出计量模型时，经常假设至少存在一种投入品变量未被观测者所注意到，从而这种投入品被看作计量误差项，有时被看作是对厂商全要素生产效率的衡量。将厂商的全要素生产效率用 u 来表示，而 $\alpha = (\alpha_2, \cdots, \alpha_m)$。

有了生产函数，则生产一定产品的成本函数为：

$$C(Q ; \quad \alpha, \quad u) = \min_{I_1, I_2, \cdots, I_m} p_1 I_1 + p_2 I_2 + \cdots p_m I_m$$
$$\text{s.t.} \ \ Q \leqslant f(I_1, \quad I_2, \quad \cdots, \quad I_m, \quad u ; \quad \alpha)$$

其中，$Q \leqslant f(I_1, I_2, \cdots, I_m, u ; \alpha)$ 描述的是产量必须低于根据生产函数可得的数量。如果想要知道成本和产量之间的关系，可以直接验证成本函数，或者根据生产函数间接估计成本函数，当然也可以根据谢泼德引理在成本函数和投入品需求方程之间建立一定的关系，这样就得到了三种对成本函数的估计方法：

$$C = C(Q, \ p_1, \ p_2, \ \cdots, \ p_m, \ u ; \quad \alpha)$$
$$Q = f(I_1, \ I_2, \ \cdots, \ I_m, \ u ; \quad \alpha)$$
$$I_j = \frac{\partial C(Q, \ p_1, \ p_2, \ \cdots, \ p_m, \ u ; \quad \alpha)}{\partial p_j}$$

6.2.1.2　在成本函数估计中的经验问题

在成本函数估计中可能会存在如下问题：内生性、函数形式、技术变迁和多产品厂商。

　　首先是内生性问题，在前文所描述的三种估计方法中，都可能存在内生性问题。为阐述这一点，考虑由大量厂商层面的投入产出观测值组成的数据，并假设估计的生产函数为 $Q = f(I_1, \cdots, I_m, u; \alpha)$。

　　对于OLS估计而言，即使真实模型被假设为参数的线性模型并且不可观测项（生产效率）也被假设为分离可加的，生产效率也一定不能与回归中的自变量相关，如所选择的投入。如果生产效率高的厂商，不可观测的生产效率 u 较高，同时也需要较多的投入，那么就会面临着内生性问题。一方面，根据该模型，高效率厂商生产任何给定的产出水平可能需要较低的投入水平。另一方面，可以预料到，高效率厂商的规模会很大——具有一定的竞争优势，这可能会起主导作用。因此，高效厂商会同时具有较高的生产效率并且使用较多的投入。这些观察表明OLS要得到一个一致性估计所需的关键条件不能被满足。换句话说，OLS估计要求 I_j 和 u 应该是不相关的，但这些观点表明其是有关的。如果不考虑内生性问题，对内生投入参数的估计就会存在向上的偏差。要通过工具变量回归解决这一问题，就需要一种验证变量，一方面可以解释厂商对投入的需求，而另一方面与厂商的生产效率无关。Olley和Pakes描述了一种方法，该方法使用投资作为生产效率的代理变量并用此来控制内生性。[1] Levinsohn和Petrin建议使用另一种方法。[2]而Ackerberg等对这种方

---

① 尽管资本存量已经存在于生产函数中，但投资——资本存量的变化——并未体现在生产函数中，至少所产生的资本存量增加只会体现在下一期中。

② Levinsohn J., Petrin A., "Estimating Production Functions Using Inputs to Control for Unobservables," *Review of Economic Studies*, 2003, 70.

法进行了批评，①特别是 Levinsohn 和 Petrin 的方法。

其次，必须仔细地设置函数形式以考虑生产过程中的技术现实。特别的，函数形式应该反映合理的投入品替代可能性以及合理规模报酬性质。如不确定行业中规模报酬变化的性质，就应该采取足够灵活的函数形式以确定规模效果的存在。并不少见的是，要求生产函数在整个产量范围内规模报酬不变，而这种潜在的过严限制假设应该只在有确切证据时才能采用。而灵活性过高的函数形式设置，有可能产生不合理的生产函数或成本函数估计，如边际成本为负的情况。这是由于数据是有限的，而不能在过于灵活的函数设置中对参数加以证实。在进行估计之前需要使用真实生产过程方面的信息。

最后，尤其是当生产或成本函数估计所用数据为时间序列数据时，需要考虑行业中正在发生的技术变迁。技术进步会形成的新的生产函数和成本函数，如果不控制这些变化，与相应产量相联系的成本及投入品价格在时间上不一定一一对应。为此，在使用时间序列数据时应该使用一个或多个变量来考虑技术进入的效果。在使用厂商横截面数据时就不太可能存在这样的技术进入问题，但如果厂商使用不同的生产技术，或者使用相同的生产技术但效果不同，那么也应该考虑这种差异。

当厂商不只生产一种产品或提供一种服务时，成本和投入品很难在不同产出之间进行分配。由于估计多产品成本或生产函数增加了待估计的参数数量，估计变得更为复杂。

---

① Ackerberg Daniel A., Rysman Marc, "Unobserved Product Differentiation in Discrete-Choice Models：Estimating Price Elasticities and Welfare Effects," *The RAND Journal of Economics*, 2005, Vol.36（4）.

6.2.2 成本函数估计的其他方法

上述对成本函数的传统估计方法在很多经验考察中出现，也还有很多相关的方法用以对成本函数的估计。第一种方法将成本或生产函数看作待估计的"理想状态"或"前沿面"。与传统估计中将成本函数的偏离看作均值为零的随机偏离不同，效率前沿面分析（EFA）将理论构建看作厂商可能达到也可能达不到的理想状态。两类常用的模型为数据包络分析（DEA）和随机前沿面分析（SFA），每类模型都集中考虑厂商特有的非效率。此处将简要介绍这两类模型及其方法。并讨论一种非计量方法，通过与行业专家（可能是工程师）进行讨论从而得到厂商在成本和效率方面的信息，这种方法有时也被称作"工程"估计。

6.2.2.1 考虑厂商特有的非效率

Farrell认为尽管假设厂商是成本最小化的，但现实中并不一定刚好是成本最小化的，厂商不断努力接近成本最小化的理论状态但不一定能达到这一目标。[①]因此基于这一思想可以：①利用成本和投入数据来估计生产前沿面；②利用成本、产出及投入品价格来估计成本前沿面；③估计利润前沿面。在每种情形中，所用数据都有所不同但其原理都一样。

生产函数描述的是在任何给定投入水平下能够达到的最大产出水平，而在现实中厂商可能达不到最大产出水平。如果这样的话，就可以估计高效成本或生产前沿面而不是估计成本或生产函数。

---

① Farrell J.，"The Measurement of Productive Efficiency，" *Journal of the Royal Statistical Society*，1957，120（3）.

在考虑非效率的可能来源时，可以分为三类：分配非效率、技术非效率和规模非效率。

分配非效率指的是厂商生产产品时所用投入品组合并非最优的，其根据投入品相对价格信息进行了错误的调整。

技术非效率衡量的是投入品比例正确的厂商不能得到高效率厂商那样产量意义上的非效率程度。技术效率用给定厂商为生产某一产量可用的最小成本与实际发生成本之间的比值来衡量，如果生产一单位精糖在理论上需要使用1.2单位粗糖，而厂商实际使用了1.5单位粗糖，那么技术效率就为1.2/1.5=0.8，也就是说，在理论上厂商可以再节省20%的成本。

当厂商在规模报酬递减（生产前沿面）或规模不经济（成本前沿面）时的产量范围内经营时，就存在规模非效率。在生产框架下，假设一个厂商雇佣四名劳动力时可以实现高效运转，但再雇佣两名劳动力可以使销售额翻番，这就说明如果雇佣六名劳动力且在技术上是高效的话，三名劳动力的销售额就等于使用四名劳动力的销售额，那么厂商的规模效率就为3/4或75%，规模非效率就为1/4或25%。

有很多方法可以用来估计系统性的厂商非效率，最常见的非参数模型方法为数据包络分析，而最常见的参数模型方法为随机前沿面分析。

6.2.2.2 非参数前沿面方法（DEA）

生产前沿面（投入取向模型）：基本的单产出单投入 DEA 模型考虑的是一种投入品的每种使用量上所能得到的最大产出或产出前沿面。

　　要得到基本DEA模型的图形，需要找到包络数据的前沿面，即找出包括所有数据点的最小凸集。要验证B点所代表厂商或工厂的效率，需要衡量AB/AC的比值，即厂商使用该投入量所生产出来的产量与生产前沿面估计所揭示的使用同一投入量所能生产出来的最大产量之间的比值。

　　如果是多种产出多种投入品，则很难进行绘图分析，不过两种产出一种投入品的DEA分析可以用每单位投入品产出来表示，从而能够方便地用绘图来加以说明。

　　比如，电话呼叫中心可以从事两种业务：电话销售和售后客服。每个操作员同时只能和一位顾客通话，其每天所能处理的两类业务之间就存在一种平衡。要验证呼叫处理的效率，先将每个呼叫中心的操作员平均电话销售量与平均客服量反映在图中，然后找出能够包络这些点的最小凸集。这表明一些呼叫中心是具有"技术效率"的，而一些呼叫中心则低于前沿面。相对技术效率可用OA/OB来表示，其中OA和OB分别是O到A和B的线段长度。因此，B点所代表的呼叫中心技术效率为100%，而内部点所代表的呼叫中心的技术效率要低一些。在这类情形中，DEA分析可以手工处理，但在更为复杂的情况下，当出现一种产出多种投入品或多种产出多种投入品的情况时，就必须使用数量分析来确定技术效率生产前沿面。

　　考虑一种产出多种投入品的情形，其中厂商 i 的产量用 q_i 表示，厂商 i 使用的 J 种投入品的数量向量为 $\underline{I}_i = (I_1, I_2, \cdots, I_J)$。对厂商 k 效率的DEA估计 θ_k 可以通过如下最小化问题求得：

$$\min_{\theta, \gamma_1, \cdots, \gamma_J} \left\{ \theta \mid \frac{q_k}{\theta} \leqslant \sum_{i=1}^n \gamma_i q_i; \ I_{jk} \geqslant \sum_{i=1}^n \gamma_i I_{ji}, \ j = 1, \cdots, J; \ \theta > 0; \ \gamma_i \geqslant 0, \ i = 1, \cdots, n \right\}$$

要理解这一最小化问题，首先需要注意的是所观测的数据是每个厂商的投入水平和产出水平，而非负加权与 $\sum_{i=1}^{n}\gamma_i q_i$ 和 $\sum_{i=1}^{n}\gamma_i I_{ji}$ 所定义的分别是虚拟厂商的投入水平和产出水平。也就是说，虚拟厂商是通过赋予实际厂商投入产出水平权重 γ_i 而得到的。其次，q_k/θ 中 θ 的降低会增加厂商 k 的实际规模。这种规划方法说明应该将厂商 k 的实际规模扩大直到满足如下条件：最小虚拟厂商在给定所观测投入产出的实际组合中能够产出更高水平的产量。对每个厂商都计算 Farrell 效率指数，即需要解 n 个规划问题，数据集中每个厂商一个规划问题。

6.2.2.3 参数前沿面模型：随机前沿面分析（SFA）

参数前沿面分析使用我们更熟悉的方法：构建参数模型。Aigner 和 Chu 提出，要估计前沿面模型，可以通过在模型所预测产出大于实际所观测产出的限制下最小化残差平方和而得到。[①]如果生产前沿面模型是参数的线性函数的话，可以使用标准的工具包，因为其仅仅是受到线性约束的二次型规划。如其不然，由于所有残差都是正数，可以选择模型的参数来最小化预测误差之和，这是线性约束的线性规划。

为说明这一点，考虑如下形式的柯布—道格拉斯型的生产前沿面模型：

$$\ln Q_i = \beta_0 + \beta_L \ln L_i + \beta_K \ln K_i + \beta_F \ln F_i - u_i$$

这一模型适合于由 n 家厂商观测值构成的横截面数据，求解如下

---

① Aigner D., Chu S., "On Estimating the Industry Production Function," *American Economics Review*, 1968, 58.

问题：

$$\min_{\beta_0,\ \beta_L,\ \beta_K,\ \beta_F} \sum_{i=1}^{n} u_i(\beta_0,\ \beta_L,\ \beta_K,\ \beta_F)$$

$$\text{s.t.}\ u_i(\beta_0,\ \beta_L,\ \beta_K,\ \beta_F) \geqslant 0,\ i = 1,\ \cdots,\ n$$

其中，$u_i(\beta_0,\ \beta_L,\ \beta_K,\ \beta_F) = \beta_0 + \beta_L \ln L_i + \beta_K \ln K_i + \beta_F \ln F_i - \ln Q_i$，误差 u_i 为正的要求是为了保证所预测的生产前沿面总是高于实际所观测到的产量。这样基本模型就假设所有误差都位于前沿面的一侧。

使用这种方法进行估计前沿面存在不足：其假设所有误差总是单边的，那么对个体观测值非常敏感，也就对衡量误差非常敏感。在实际操作中，由于测量总是不完美的，或许会出现一些观测值高于"真实的"生产前沿面。

为了解决这一问题，SFA 对基本参数前沿面模型进行了推广，引入了另一个测量误差引起的"双边"不确定来源。因此，SFA 模型对观测到的厂商独有的非效率异质性和测量误差都有所描述。"双边"误差允许一些数据低于成本前沿面，这是由测量误差造成的。

考虑成本函数的随机前沿面分析模型，有两个误差项：

$$C_i = f(q,\ p\ ;\ \alpha) + v_i - |u_i|$$

其中，p 代表投入品价格，q 代表产量，而 u_i 和 v_i 分别代表厂商独有的非效率和测量误差。

u_i 代表厂商独有的总体（非）效率，经常假设这一误差服从指数分布或者半正态分布或者截尾正态分布，其只能取正值从而所测量的实际效率要低于前沿面。另一个误差项为随机波动 v_i，描述的是测量误差，可能是正态分布的从而 $v_i \sim N(0,\ \sigma_v)$。

为了论述完整，考虑另一种生产前沿面模型：

$$\ln q_i = \ln f(I_{1i},\ \cdots,\ I_{mi}\ ;\ \alpha) + \ln u_i + v_i$$

如果设置波动模型使得 $u < 1$，那么技术效率项的对数就小于 0。给定 u 和 v 的分布函数，最常见的估计方法是极大似然估计。u 可能有很多种分布，但最常见的分布式半正态分布 $\ln u_i \sim (-1) \left| N(0, \sigma_v) \right|$。由于模型将所观测的生产情形与所预测的前沿面之间的差异分解为两个误差之和（$\ln u_i + v_i$），分别描述的是技术非效率和测量误差，有必要在模型中作出足够的假设来保证这种分解的实现。特别的，即使没有测量误差方面的直接数据，也能够分解这种效应，如果假设测量误差服从系统性分布而技术非效率 $\ln u_i$ 所服从分布只能够取负值。

总而言之，SFA 与传统成本函数估计之间的差异仅仅在于厂商独有的未观测变量在各个厂商之间的方式不一样。这种关于厂商独有的（非）效率异质性在原则上是可以验证的。前沿面方法的优势在于使得分析者能够分析异质性厂商及其效率。通过这种讨论，就能够评估特定厂商的效率。然而，必须注意的是，一般是将结构和技术看作不可观测变量。比如，SFA 中对测量误差和效率异质性的区分的正确程度仅仅与将误差项分解为两个组成部分的假设一样。

需要说明的是，DEA 方法有时和 SFA 方法在表现形式上存在非常大的差异，前沿面估计通常是通过最优化问题求解而得到的，而不是通过标准的计量估计而得出的。实际上，DEA 方法有时被描述为"运营研究"方法而非"计量方法"。

6.2.2.4 工程估计方法

使用工程方法来估计厂商规模经济的性质是 1956 年由 Bain 在

《新进入壁垒》中提出的。他通过采访熟悉工厂计划设计方面的工程师，得到了详细的行业数据。正如这方面的名称所显示的那样，其目标在于通过从掌握厂商成本和规模信息的人那里收集一手资料来确定成本函数的形状或生产函数的性质。

工程估计方法的典型应用是Gasmi等对电信市场的研究。基于工程估计方法所收集到的详细的行业独有成本数据和结构独有成本数据，他们估计了本地交换电信网络中所存在双寡头的不同成本函数，并检查成本函数的次可加性来验证该行业在垄断结构下是否更有效率。①Ofcom为评估移动呼叫终端服务的适宜价格所进行的研究则提供了另一个例子。②Ofcom的成本模型基于工程估计并用于估计适宜的移动呼叫终端费率。电信设备投资是时高时低的，而同样的设备既可用于发送移动呼叫也可以用于接收移动呼叫。在本质上，Ofcom的模型试图找出传输给定容量的来去电、短信和数据服务所需的电信设备集合。该模型也包括了一个地域维度，因为所需电信设备数量取决于信号是在宽阔开放的空间自由传输还是受到当地建筑的限制。给定所需设备集合的价格，在每个时段、每个区域工程师都可以得出任何给定服务量的每种服务相应的成本。当然，这需要的信息非常大。

---

① Gasmi F., Laffont J. J., Sharkey W. W., "The Natural Monopoly Test Reconsidered: An Engineering Process-Based Approach to Empirical Analysis in Telecommunications," *International Journal of Industrial Organization*，2002，20（4）.

② Ofcom, "Wholesale Call Termination Statement," http://www.ofcom.org.uk/consult/ condocs/mobile_call_term/statement/statement.pdf，March 2007.

6.2.3 小结

成本信息与竞争政策和规制考察高度相关，例如，成本信息有利于理解价格加成和效率。可以使用计量方法对成本函数进行估计，尽管这样做比较复杂但还是可行的。在使用计量方法进行估计时，需要考虑内生性问题、函数形式问题以及异质性问题。当所用数据为厂商或者工厂层面的横截面数据时，需要注意其所使用的技术应该大致相近；而当所用数据为时间序列数据时，应该特别注意随着时间的推移在厂商或工厂生产过程中所发生的技术变迁。

在评估规模效率或范围效率性质时面临着一个严格的限制：只能在经验范围内对其加以合理评估。如果没有单一产品或者产品组合的多产品成本函数形状方面的信息，就只能根据可用数据对所假设的成本函数形式进行估计。

在厂商及工厂层面的异质性问题上，明确地将厂商独有特征考虑在内，尤其是非效率研究得到了广泛的发展，最常见的模型类别为非参数数据包络分析和参数随机前沿面分析。此外还可以向专业人士详细了解某些工厂的生产过程来得到特有的成本信息。

6.3 估计需求系统

通过前文所述我们看到厂商和市场需求对理解竞争而言的重要性。例如，需求对理解厂商行为如定价决策等是非常重要的。我们也看到需求弹性是界定市场的假定垄断者检验等竞争政策工具的基本元素，公司收入有赖于消费者偏好而需求必然是刻画市场结果的基本元素。

本节讨论需求函数的估计。在总体上，对价格的分析主要是针对竞争政策，从而对需求自身弹性和交叉弹性的估计是非常重要的。本节首先讨论连续选择需求模型，接着讨论离散选择的需求模型。在这里会看到消费者两种选择的不同性质。特别地，连续选择需求模型刻画的是个体消费者决定要购买"多少"产品，而离散选择需求模型刻画的是个体消费者是购买还是不购买，如果购买的话，也只是购买一种产品。

6.3.1　连续选择需求模型的估计

这一部分将会介绍最简单的模型——单一同质产品的需求模型，并讨论差异化产品市场最流行的需求模型——几乎完美需求系统（Almost Ideal Demand System， AIDS）。

6.3.1.1　单一产品需求

在原则上，对单一同质产品市场的需求函数估计是相对直接的，只需要估计一个需求方程。

在一些市场中，消费者并不关心产品的品牌，只要这些产品能够符合某种标准，如糖、盐等，那么生产商的产品在消费者看来是无差异的。考虑常见的对数线性需求函数：

$$Q_t = D(P_t) = e^{a + \xi_t} P_t^{-b}$$

其中，P表示市场价格，ξ表示模型未解释的需求影响因素，这一影响因素代表着考察者未知的因素，从而在计量过程中被看作为随机变量，通过一些计量技巧对ξ的分布情况做出一些假设以便估计参数(a, b)。因此，在对ξ进行假设时必须谨慎，例如，为研究者所不知的因素可能为行业中厂商所知，从而 P 和 ξ 可能是相关的。在同质产品市场中，需求函数与产品的价格有关，但与其他潜在替代品的价格无关。

对对数线性模型两边取自然对数，则可以得到：

$$\ln Q_t = a - b \ln P_t + \xi_t$$

在这样一个市场中，人们最感兴趣的是代表需求自身价格弹性的参数，对上式进行处理可以发现：

$$\eta_t = \frac{\partial \ln Q}{\partial \ln P} = -b$$

原则上，要估计这样一个简单的同质产品需求函数，只需要市场价格和销售数量方面的数据，以及潜在工具变量的数据，该工具变量的作用在于刻画价格变量的内生性。

OLS估计的验证条件要求真实的参数值满足 $E\left[\xi_t(\theta^*)\big|(1, \ln(P_t))\right]=0$，这一条件可能并不能被满足，首先，未观测部分的非价格扰动变量在引起需求发生变动的同时也可能引起市场价格增加，如果这样的话，"需求冲击" 价格发生变动，从而需求冲击和价格之间存在一定的相关性；其次，由于忽略了一些与价格相关的变量模型的设置可能存在问题，在设置不当的模型中误差项与价格之间存在相关性，以致在参数估计中存在偏差。

这两种情况都可能造成"内生性问题"。在每种情况中，需求模型的未被观测部分和价格数据之间存在一定的相关性，从而价格参数的OLS估计有可能存在偏差。要控制这种内生性，可以使用工具变量。

要成为有效的工具变量，其应该：①与潜在的内生解释变量相关；②与需求未被观测部分无关。考虑内生性常见的估计方法是两阶段最小二乘估计（2SLS）。如果价格为内生变量，那么这两阶段分别为：①将价格的对数与需求曲线中的外生变量及工具变量进行回归；②使用所预测的价格对数而非实际价格对数来估计需求曲线。实际上，两阶段最小二乘估计方法的关键就在于：通过使用第一阶段回归中所预测的被解释变量而非初始变量来进行估计。

6.3.1.2　差异化产品需求系统

大多数市场并不是由单一同质产品构成的，而是由很多类似但存在差别的产品构成的，厂商为争夺市场份额而展开竞争。在估计差异化产品市场需求时，必须考虑这样一种特征。特别需要注意的是，消费者对这些差异化产品具有不同的偏好，而这些产品的价格一般也并不相同。因此差异化产品需求系统的估计涉及由单个产品需求方程构成的方程组，其中对一种产品的需求不仅取决于其自身价格，也取决于市场中其他产品的价格。

常见的差异化产品需求系统是对数线性需求系统，由一系列对数线性需求函数构成。将市场上产品标记为 $j = 1，\cdots，J$。在每种情况下，产品的购买数量取决于市场上所有产品的价格以及收入 γ，形式如下：

$$\ln Q_{1t} = a_1 - b_{11} \ln P_{1t} + b_{12} P_{2t} + \cdots + b_{1J} P_{1t} + \gamma_1 \ln \gamma_t + \xi_{1t}$$
$$\ln Q_{2t} = a_2 - b_{21} \ln P_{2t} + b_{22} P_{1t} + \cdots + b_{2J} P_{1t} + \gamma_2 \ln \gamma_t + \xi_{2t}$$
$$\vdots$$
$$\ln Q_{Jt} = a_J - b_{J1} \ln P_{Jt} + b_{J2} P_{2t} + \cdots + b_{JJ} P_{Jt} + \gamma_J \ln \gamma_t + \xi_{Jt}$$

在预算约束下最大化效用所得到的需求方程一般取决于所有价格和收入。当使用总体数据时，可以使用总计收入作为需求方程中的相关变量。不过，很多研究都只针对经济体中某一特定部门，消费者问题被重新考虑为两阶段问题。在第一阶段，假定消费者决定在一类产品（比如啤酒）上花多少钱；在第二阶段，所选择的支出额在各种不同产品之间进行分配，消费者必须在各种不同产品（啤酒）之间进行选择。通过对效用函数的形状进行一定假设，该两阶段过程可以等价于一阶段效用最大化问题。在这种两阶段解释下，可以在需求函数中使用"支出"而非收入，不过需求方程应该称为"条件"需求方程，是基于既定支出水平得出的。

使用这一方法的著名例子是Hausman等①将消费者对啤酒的选择过程分解为三个阶段：①对啤酒支出水平的抉择；②将支山额在各大类啤酒（分别为生啤、普通啤酒和轻啤）之间进行分配；③在每大类啤酒下的各个品牌之间进行支出额的分配。

在阶段③上，可以使用所观测到的产品阶段上的价格和数量数据来估计差异化产品需求系统，不过，由于层次③是对品牌的选择，在阶段①、②和③上，需要使用来自产品层面数据所得出价格和数量指标来衡量啤酒行业每个品牌或行业部门的价格和数量。

利用这些价格数量指标所得对第二阶段需求系统的估计如表6-3所示。

---

① Hausman Jerry A., Leonard Gregory K., Douglas Zona J., "Competitive Analysis with Differentiated Products," *Annales d' économie et de Statistique*, 1994, 34.

表6-3　啤酒市场部门条件需求

变量	Premium	Popular	Light
Constant	0.501	-4.021	-1.183
	(0.283)	(0.560)	(0.377)
log（*Beer Exp*）	0.978	0.943	1.067
	(0.011)	(0.022)	(0.015)
log（$P_{PREMIUM}$）	-2.671	2.704	0.424
	(0.123)	(0.244)	(0.166)
log（$P_{POPULAR}$）	0.510	-2.707	0.747
	(0.097)	(0.193)	(0.127)
log（P_{LIGHT}）	0.701	0.518	-2.424
	(0.070)	(0.140)	(0.092)
Times	-0.001	-0.000	0.002
	(0.000)	0.001	(0.000)
log（*# of Stores*）	-0.035	0.253	-0.176
	(0.016)	(0.034)	(0.023)

资料来源：Hausman Jerry A., Leonard Gregory K., Douglas Zona J., "Competitive Analysis with Differentiated Products," *Annales d' économie et de Statistique*，1994，34。

在选择树的第二阶段上，需求系统为条件需求系统，啤酒商所花费的额度已经在第一阶段就确定好了。

由于处理的是对数线性模型，系数 b_{ij} 是对需求自身价格弹性的估计，而 b_{jk}（$j ≠ k$）参数是对需求交叉价格弹性的估计。如果使用的是部门层次上的数据，在解释这些弹性时必须非常小心，例如，上述结果表明，生啤部门需求函数的自身价格弹性为-2.6，普通啤酒部门需求函数的自身价格弹性为-2.7，而轻啤部门需求函数的自身价格弹性为-2.4。

对数线性需求系统很容易被估计，所有方程都是参数的线性函数。然而，其也为消费者偏好施加了非常严格的假设。例如，需求的自身价格弹性和交叉价格弹性为常数。另外，当使用总体数据来估计线性需求函数时可能存在严重的内部一致性问题。也就是说，加总需求函数可能不仅仅取决于加总收入。如果在方程中仅仅纳入加总收入变量，所得出的估计可能存在严重的"加总偏差"。

在差异化产品需求系统中最常用的是 AIDS（Almost Ideal Demand）系统。AIDS 系统满足可加性条件。特别地，如果很多消费者确实如 AIDS 系统所预测的那样行动，对其需求系统进行加总，所得出结果本身也是一个 AIDS 需求系统。AIDS 系统的相关参数设置也便于估计，而且估计过程所需数据一般也可得，只需要价格数据和支出份额数据。

在 AIDS 系统中，间接效用函数 $V(p, \gamma; \vartheta)$ 为：

$$V(p, \gamma; \vartheta) = \frac{\ln \gamma - \ln a(p)}{\ln b(p) - \ln a(p)}$$

其中，函数 $a(p)$ 和 $b(p)$ 有时被描述为价格指数，价格数据的函数为：

$$\ln a(p) = \alpha_0 + \sum_{k=1}^{J} \alpha_k \ln p_k + \sum_{k=1}^{J} \sum_{j=1}^{J} \gamma_{jk} \ln p_k \ln p_j$$

$$\ln b(p) = \ln a(p) + \beta_0 \prod_{k=1}^{J} p_k^{\beta_k}$$

对产品 j 的支出份额应用罗伊等式得到：

$$\omega_j = \left(-\frac{\partial V(p, \gamma; \vartheta)}{\partial \ln p_j} \right) \bigg/ \left(\frac{\partial V(p, \gamma; \vartheta)}{\partial \ln \gamma} \right) = \alpha_j + \sum_{k=1}^{J} \gamma_{jk} \ln p_k + \beta_j \ln \left(\frac{\gamma}{P} \right)$$

其中，P 可被看作折减收入的价格指数：

$$\ln P = \alpha_0 + \sum_{k=1}^{J} \alpha_k \ln p_k + \frac{1}{2} \sum_{k=1}^{J} \sum_{j=1}^{J} \gamma_{jk} \ln p_k \ln p_j$$

在实际操作中，AIDS 系统有如下步骤：

第一步，利用 t 时产品 j 的价格 p_{jt}、数量 q_{jt} 和总支出 $\gamma_t = \sum_{j=1}^{J} p_{jt} q_{jt}$，计算 t 时产品 j 的支出份额 ω_{jt}。

第二步，计算价格指数：$\ln P_t = \sum_{j=1}^{J} \omega_{jt} p_{jt}$。

第三步，进行如下回归：

$$\omega_{jt} = \alpha_j + \sum_{k=1}^{J} \gamma_{jk} \ln p_{kt} + \beta_j \ln\left(\frac{y_t}{P_t}\right) + \xi_{jt}$$

其中，p_{kt} 为自身价格和其他商品的价格，误差项为 ξ_{jt}。

第四步，得到 $(\alpha_j, \gamma_{j1}, \cdots, \gamma_{jJ}, \beta_j)$ 这 $J + 2$ 个参数的估计。①

在需求系统估计中所要估计的参数数量远多于在单个方程估计中的参数数量。如果待估计参数过多，估计就会变得比较麻烦，需要对参数施加一定的限制来减少待估计参数数量。根据经济学理论

---

① 自身价格弹性和交叉价格弹性可通过如下方式求得：

由于 $\ln \omega_j = \ln p_j + \ln q_j - \ln y$，那么 $\ln q_j = \ln \omega_j - \ln p_j + \ln y$，从而可计算需求函数弹性为：

$$\eta_{jk} = \begin{cases} \dfrac{\partial \ln q_j}{\partial \ln p_k} = \dfrac{\partial \ln \omega_j}{\partial \ln p_k} - 1 & if\ j = k \\[3mm] \dfrac{\partial \ln q_j}{\partial \ln p_k} = \dfrac{\partial \ln \omega_j}{\partial \ln p_k} & if\ j \neq k \end{cases}$$

对 AIDS 支出份额函数进行微分可得：

$$\frac{\partial \ln \omega_j}{\partial \ln p_k} = \frac{\gamma_{jk} - \omega_k \beta_j}{\omega_j}$$

代入可得：$\eta_{jk} = \begin{cases} \dfrac{\gamma_{jk} - \omega_k \beta_j}{\omega_j} - 1 = \dfrac{\gamma_{jk}}{\omega_k} - \beta_j - 1 & if\ j = k \\[3mm] \dfrac{\gamma_{jk} - \omega_k \beta_j}{\omega_j} = \dfrac{\gamma_{jk}}{\omega_j} - \dfrac{\omega_k}{\omega_j} \beta_j & if\ j \neq k \end{cases}$

需求函数的自身价格弹性和交叉价格弹性就取决于模型参数和支出份额。

对需求系统参数施加的限制常常有：斯拉斯基对称性[①]、齐次性[②]、支出份额方程的齐次性[③]、可加性[④]。

6.3.2 需求系统估计：离散选择模型

离散选择模型刻画的是消费者在一系列选项中进行抉择的情境，一般而言，在离散选择模型中消费者只会从可选项中选择一个。[⑤]离散选择需求方程的基础与常见的效用最大化框架并无不同，除了在离散选择模型中对消费者选择集所施加的限制：离散商品的消费量只能为0或者1。对于每类离散产品，消费者要么只购买一种，要么不购买。在下文的分析中，先介绍单个消费者的选择问题，然后将单个消费者的选择行为进行加总。

6.3.2.1 个体离散选择问题

考虑如下效用最大化问题：

$$V(\underline{p}, y; \theta_i) = \max_{\underline{x} \in X} u(\underline{x}, \theta_i)$$
$$\text{s.t. } \underline{p} \cdot \underline{x} \leqslant y$$

---

① 斯拉斯基对称性是指在任何两个产品之间总的替代效应（包括由价格变化引起的收入效应）是对称的：

$$\frac{\partial Q_1}{\partial p_2} + Q_2 \frac{\partial Q_1}{\partial y} = \frac{\partial Q_2}{\partial p_1} + Q_1 \frac{\partial Q_2}{\partial y}$$

② 齐次性指的是当商品价格和消费者收入同时增加或减小某一相同比例时，消费者的选择行为不会发生改变。

③ 支出份额方程的齐次性指的是当消费者收入和商品价格同时增加或减小某一相同比例时，消费者的选择行为不会发生改变，从而某一商品支出占总支出的比例不会发生改变。

④ 可加性是指消费者在每种商品上的花费支出之和应该等于消费者的总支出。

⑤ 在Hendel的研究中离散选择模型下消费者可以选择购买"多少辆"汽车，详见 Hendel Igal, "Estimating Multiple-Discrete Choice Models: An Application to Computerization Returns," *The Review of Economic Studies*, 1999, Vol. 66 (2)。

其中，θ_i代表消费者类型。不同类型的消费者有着不同的偏好，从而会做出不同的选择。与常见分析框架不同的是，在离散选择模型中，对选择集施加了一定的限制，从而个体消费者必须选择是否购买该产品集合中的一个产品还是将其所有收入都花费在其他替代"外部"产品上。称为外部产品是因为超出了分析的范围。一般而言，将一种商品组合看作外部商品，经常用货币来代替。

在标准离散选择模型中，选择集X是由可选内部产品和外部产品构成的：

$$X = \left\{ x \middle| x_0 \in [0, M], \ x_j \in \{0, 1\}, \ j = 1, \cdots, J, \ M < \infty \right\}$$

其中，x_0是外部产品的数量，如果消费者选择了产品j，则x_j等于1，否则为0，由于消费者在内部产品中只能选择一个产品，那么如果选择了产品j，所有其他的x_k（$j \neq k$）都等于0。那么，$x_j x_k = 0$；$j \neq k$；$j, k > 0$。

消费者所面临的预算约束为：

$$p_0 x_0 + p_j x_j = \gamma \qquad x_j = 1$$
$$p_0 x_0 = \gamma \qquad x_j = 0$$

那么根据消费者效用最大化方法可以得到内部产品j的需求函数$x_j(\gamma, p; \theta_i)$。

通过对消费者间接效用函数的一定设置，可以使得个体消费者的需求函数与其收入无关，而仅仅取决于消费者的类型、内部产品的价格和特征。那么对个体消费者需求函数的加总即可得到某一具体产品的市场需求函数，该需求函数跟市场中消费者的类型有关，假设消费者类型的密度函数为$f_{\theta}(\underline{\theta})$，则某一具体产品的需求函数为：

$$D_j(\underline{p}, w_j) = S \int_{\theta} x_j(\underline{p}, w_j, \underline{\theta}) f_{\theta}(\underline{\theta}) d\underline{\theta}$$

6.3.2.2　横向产品差异模型和纵向产品差异模型

在刻画消费者类型时，常常使用的两类模型为横向产品差异模型和纵向产品差异模型。

在横向产品差异模型中，即使所有产品定价相同，消费者所愿意购买的产品也有所不同。而在纵向产品差异模型中，消费者对产品的认同排序都相同，如果价格相同的话，不论市场中存在多少种产品，消费者都会选择某一种产品。

典型的横向产品差异模型有 Hotelling 的线性市场模型[①]、Salop 的圆形市场模型[②]。

Hotelling 分析了厂商的选址问题，两个厂商分布在一条线段的两点，而消费者分布在这条线段上，消费者的实际购买价格为厂商售价再加上运输成本，那么不同位置上的选择所感知的实际购买价格有所不同，其选择在实际购买价格最低的厂商处购买一种产品或者根本不进行购买。而两个厂商为了实现利润最大化，在产品定价的同时，还需要对自己所处位置进行选择，这就是所谓的 Hotelling 选址问题。

线段上消费者与厂商之间的距离不仅可以看成实际中消费者购买产品所需要移动的距离，也可以看作消费者对厂商产品的评价，这样在 Hotelling 模型中所得出的厂商需求曲线就代表了差异化产品的需求曲线，厂商为了实现利润最大化，根据自己产品的特点选择

---

① Hotelling Harold, "Stability in Competition," *The Economic Journal*, 1929, Vol.39.

② Salop S., "Monopolistic Competition with Outside Goods," *Bell Journal of Economics*, 1979, 10.

一定的价格后，两个厂商之间展开价格竞争。根据消费者在该线段上的分布情况，即消费者偏好的分布情况，可以得出差异化产品的需求函数。

Salop的圆形市场模型则是对线性市场的扩展，假设消费者分布在一个圆形城市上，而厂商分布在该圆形市场的若干个点上，在均衡处，消费者所面临的实际购买价格为相邻厂商售价与所发生运输成本之和，其他结果与Hotelling模型类似。圆形市场模型对线性市场的扩展之处在于市场上有多个厂商，并且由于是自由进入的，厂商的位置也可以发生改变，那么可以得到每个厂商均衡利润为0的垄断竞争均衡。

当刻画产品差异时，可以将消费者与相邻厂商的距离理解为消费者对产品的认同程度，这样市场上就不会只有两种差异化产品，从而更加贴近于现实。

典型的纵向产品差异模型实际上是圆形市场模型和Hotelling直线市场模型相结合。其将圆形市场打开拉直成一个直线市场，这样，该直线市场上就存在多个厂商，由于在纵向产品差异市场中消费者对不同产品的评价次序是相同的，在价格相同的情况都愿意购买同一种产品，但是与圆形市场不同的是，在圆形市场中消费者首尾相接，即消费者的偏好首尾相接，这与纵向产品差异不符合，因此，一般而言，在纵向产品差异市场需求函数进行估计的时候，总是会在评价最高的产品之上再加一个更优的产品，这属于外部产品，而在评价最低的产品之下也再加一个更次的产品，这也属于外部产品，这使得在分析范围之内，消费者只会在相邻两个产品之间做出选择，而在更优产品处，消费者要么购买一种最优产品，要么不购买而转向购买外部产品，在更次产品处，消费者要么购买一种较优产品，要么不购买而转向购买外部产品。这种方法典型的应用例子可见于Bresnahan的研究。[①]在我国借用这种方法较为成功的例子为王皓的研究。[②]

6.3.3 小结

需求估计是竞争问题经验分析的核心，这是因为需求模型能够描述厂商基于产品所获得的收入，而收入在确定厂商盈利性、行为和市场结果方面发挥着重要的作用。

总体而言，可以按不同标准对需求曲线进行分类。如果按照产品数量来划分的话，需求模型可分为同质产品需求模型和差异化产品需求模型；如果按照消费者选择行为的性质来划分的话，需求模型可分为连续选择需求模型和离散选择需求模型。

原则上，估计同质产品的市场需求函数最简单，只需要估计一个需求方程，以及考虑一个价格变量、其他需求扰动变量（收入等）。但在估计过程中应该清楚所观测数据发生变动的根源何在？在该过程中需要理解市场中消费者的行为模式及其重要的影响因素。另外，在同质品市场需求函数的估计中，必须仔细设置所要估计的模型，以保证需求曲线能够得到验证。大多数需求曲线的估计中需

[①] Bresnahan Timothy F., "The Oligopoly Solution Concept is Identified," *Economics Letters*, 1982, 10; Bresnahan Timothy F., "Competition and Collusion in the American Automobile Oligopoly: The 1955 Price War," *Journal of Industrial Economics*, 1987, 35.

[②] 王皓：《产品差异化、价格战与合谋集团的变迁》，中国财政经济出版社，2007。

要使用工具变量才能得到验证。线性需求模型或对数线性需求模型是最简单的设置，因为所要估计的模型是参数的线性函数。自然，这样设置就必须对需求曲线上需求价格弹性的变动方式施加很严格的假设。

几乎完美需求系统（AIDS）就是一种特殊的连续选择差异化产品需求模型。AIDS模型便于操作，且具有良好的加总性质，非常便于使用总计数据进行估计。

当市场上存在很多种产品时，就需要对参数进行一定的限制，根据经济学原理，对参数施加如下限制：斯拉斯基对称性、齐次性、支出份额方程的齐次性和可加性。同时还可以对消费者的行为模式作出一定的假设，典型的例子为多层次需求模型。在多层次需求模型中，消费者先决定在某部门产品上的支出份额，然后决定该份额在该部门下各产品品牌之间如何分配，等等。将消费者的需求选择行为分解为若干个层次，而下一层次的选择并不影响上一层次的选择，这样就可以极大地缩小所要估计的参数数量。此外，还可以将产品差异转化为消费者差异，使用横向差异模型或者纵向差异模型，使得消费者对差异化产品的选择变成差异化消费者对同质产品的自由选择，而消费者的差异可以使用一定的分布函数来表示，这样也可以极大地减少所要估计的参数数量。

第7章　结论与建议

7.1　结论

按照第1章的研究框架，通过前文的研究与分析，本书的研究结论可分为以下几个方面。

7.1.1　SCP范式的缺陷

本书对SCP范式缺陷的研究并不针对其理论基础的缺失，而是对其研究过程中在测量、检验方面存在的缺陷进行研究。根据研究，SCP范式存在的缺陷如下。

7.1.1.1　测量方面

在应用SCP范式进行研究时，需要对行业绩效和结构进行测量。

SCP范式对市场绩效的主要测量指标有三个：回报率、价格—成本加成和托宾q。在回报率的测量方面，SCP范式面临着如下困难：资本的会计定义与经济定义之间存在差异；折旧的测量难以精确进行；会计上对广告及研发等形成无形资产活动的处理与经济学中的处理不同；风险的调整；资本回报率与股份回报率之间因负债的存在也有所不同；通胀的调整；资产的账面价值与重置成本之间的差异；对税后的调整。而在价格—成本加成方面，实际操作中经常用平均可变成本代替边际成本，这会引起偏差。在托宾 q 方面，公司重置成本很难被准确计算。

在对市场结构进行测量时，SCP 范式常使用的测量指标有集中度指标、赫芬达尔指数等，这些指标常常是内生决定的而非外生决定的，用内生决定的指标来解释市场绩效，则很难说明是结构造成这种市场绩效的。另外，随着国际贸易的发展，厂商消费者所面临的市场范围不断扩大，这时的相关市场界定就相当重要，而大多数 SCP 范式研究都忽略了这一点。

7.1.1.2　检验方面

大多数 SCP 研究都是基于横截面数据而非特定行业在一段时间内的数据。通过横截面数据来研究不同行业的结构与绩效之间的关系存在一些问题。

首先，通过横截面数据来研究结构与绩效之间的关系需要假设所有行业中结构与绩效之间的关系都是一样的，这是非常不现实的。假设一个垄断行业的需求弹性非常高，而另一个垄断行业的需求弹性非常低，那么在非常高的需求价格弹性行业中价格—成本加成就会低于需求价格弹性非常低的行业。大多数横截面研究都为控制不同行业中需求价格弹性的差异这一因素，隐含着所有行业中需求价格弹性都是相同的假设。

其次，概念问题。在 SCP 研究范式中，绩效的测量被看作是市场力量存在的证据。大多数 SCP 研究者感兴趣的是行业机构与绩效（如市场力量）之间是否存在一定的关系。然而，相关研究存在的内在概念问题限制了其验证这一关系的能力。两个最常见的概念问题是：是否进行长期绩效测量、结构变量是否为外生的。

尽管标准的静态经济学分析认为长期利润会随着市场结构的变化而变化，但其并未就短期利润和市场结构之间的关系作出说明。因此，基于短期绩效测量的SCP研究并非相关理论的正确检验。

不同行业在长期实现均衡（出清）所需时间有所不同。在任何时候，都有一些行业利润率较高而其他行业利润率较低。随着时间的推移，一些厂商从低利润行业退出而进入高利润行业，这使得回报率趋于均值。Stigler[1]、Connolly和Schwartz[2]、Mueller[3]发现，在集中程度较高的行业中，高利润率下降较为缓慢。只有通过分析利润率及其变动情况，才能区分长期进入壁垒情况和进入发生速度。大多数分析都会进行这种区分，这一问题属于测量绩效方面的问题。

最后，很多研究在对方程进行回归时，经常不恰当的假设绩效与集中度之间存在线性关系。例如，如果集中度对绩效的影响在达到一定限制之前增加速度更快，而在突破该限制之后，其增加速度要慢一些，那么集中度与绩效之间的关系呈"S"形。如果回归模型假设两者之间关系为线性的，则对方程的回归必然会存在偏差。

---

[1] Stigler George J., *Capital and Rates of Return in Manufacturing Industries*, Princeton：Princeton University Press，1963.

[2] Connolly Robert A., Schwartz Stephen，"The Intertemporal Behavior of Economic Profits,"*International Journal of Industrial Organization*，1985，3.

[3] Mueller Dennis C., *Profits in the Long Run*，Cambridge，UK：Cambridge University Press，1985.

7.1.2　新经验产业组织的来源

通过对新经验产业组织来源的研究，本书认为，推测变分为新经验产业组织提供了理论和计量基础。在理论上，推测变分最早由 Bowley[①]提出，现已形成了独立的体系。推测变分将市场的不断试错调整过程看作是行为人的心理实验，从而可以反映行为人之间的相互作用过程。尽管推测变分还存在一些缺陷，尤其是由于推测变分强调的是行为的结果，对行为的过程，即行为人之间相互作用的具体过程着墨不多。但随着一致性推测变分等概念的出现，推测变分理论体系逐步完善，而且正是基于此，在行为人之间的相互作用非常复杂而且涉及动态相互作用的时候，与博弈论相比，推测变分有着显著的简易性。而在计量上，基于推测变分发展起来的行为参数，可以明确地区分行为人之间相互作用的类型——合谋、古诺、伯川德等，可以包罗所有的行为类型，这样用一个简单的参数就可以刻画厂商的市场力量程度，非常便于计量检验。正是由于推测变分的理论、经验检验的二位一体性，新经验产业组织的发展非常顺利。

而新经验产业组织产生的社会背景，则是二战后世界经济的发展，一方面，日本、欧洲的经济迅速复苏，美国企业在国际贸易竞争中的优势不断减弱，而日本、欧洲与美国所实施的竞争政策有着显著的差别，这样，美国开始反思国内以 SCP 范式为基础的反托拉斯政策是否过严，并不再仅仅根据市场结构来判断厂商的市场力量；另一方面，随着国际经济的发展，国际贸易的深度和广度都大大提

---

①　Bowley A.L.，*The Mathematical Groundwork of Economics*，Oxford University Press，Oxford，1924.

升，SCP范式对市场结构的测量也容易面临市场界定方面的问题，世界各国在反托拉斯政策的执行过程中开始意识到仅严格地遵照以SCP范式为基础的反垄断政策里不合时宜的。这就是新经验产业组织产生的社会背景。

7.1.3　三种新经验研究方法的比较

现有估计或检验市场力量的方法各有优劣之处。结构模型方法的优点在于能够直接对市场力量程度进行估计，这是其他方法所不具备的。如果结构模型设置正确，则其效果非常好；反之亦然。

更为重要的是，我们发现使用灵活性更强的函数形式，如超越对数形式的函数，会因估计效率受损而显著降低其确定非完全竞争市场结构的能力。比如，当真实市场结构为四厂商古诺寡头时，使用超越对数模型进行估计错误拒绝原假设的概率是使用正确设置的柯布—道格拉斯模型的4~8.5倍。由于结构模型方法的效果对模型的设置非常敏感，在对比结构模型方法所得结果与使用Hall方法所得结果时要异常小心。

Hall方法的主要长处在于易于使用而且所需数据相对较少。模拟结果证明，当行业规模报酬不变时，Hall方法的效果较好。然而，不论行业实际情况从任何方向偏离规模报酬不变假设——规模报酬递增或规模报酬递减——Hall方法所得出的结果都会发生巨大变化。规模报酬递增使得价格加成系统性的估计值过低，而规模报酬递减使得价格加成系统性的估计值过高。另外，模拟中随机误差项的大小对Hall方法拒绝错误假设的能力也有较大的影响。在没有其他信息的情况下，并不能依据 Hall 方法估计的价格—边际成本加成来确定市场力量的程度。

Panzar-Rosse 简化形式模型方法相对于结构模型方法而言易于运用，但不幸的是，对于大多数模型，这种方法并不能区分合谋和完全竞争。总体上，对 Panzar-Rosse 关键检验统计量的估计会受到简化式函数的设置的显著影响，并且对那些包括在内的生产要素非常敏感。

总而言之，在理想条件下，结构模型方法和 Hall 简化形式模型方法能够有效地发挥作用。如果有理由相信厂商的规模报酬不变而想要检验的是行业是否为完全竞争的，则 Hall 简化形式模型方法具有相当的吸引力，因为其易于使用，对数据的要求相对结构模型方法而言并不高，对模型设置中可能出现的偏差不那么敏感。但是，如果并不能确定厂商是否为规模报酬不变，或者需要直接估计市场力量程度，那么结构模型方法是唯一实用的方法。

7.2 建议

通过前文的研究，得出如下建议。

在理论上，应该多关注推测变分的发展。推测变分在处理较为简单的行为人之间的相互作用问题时，所得结果与博弈论大致相同，而在处理更为复杂的情况时要比博弈论应用起来更为简便，正如 Figuieres 所说，"推测变分有复兴的迹象"。[1]

---

[1] Figuieres C., "Complementarity, Substitutability and the Strategic Accumulation of Capital," *International Game Theory Review*, 2002, Vol. 4.

在对SCP范式的态度上，尽管传统SCP范式有着各种各样的缺陷，但是正如Martin[①]所言，后来的研究使用了不同方法得出了一致的结论，即都倾向于支持结构—行为—绩效学派所提出的那些假设。如果将注意力放在SCP范式的预测能力上，那么SCP范式还是非常有效的，这也正是Sutton方法[②]的缺陷所在，Sutton方法可以避免SCP范式所面临的一些问题：缺乏理论基础、内生性等，但是Sutton将大多数研究结果的差异归结于历史因素等人们不能控制的因素，那么这种方法的预测性和实践意义无疑是非常有限的。

在对新经验产业组织的态度上，新经验产业组织无疑是有明晰的理论基础的，但是在使用这种方法进行实证研究时，无疑需要更多的假设，如果这些假设不能被满足，研究者必须清楚其所造成的后果，而不能一味地生搬硬套。

在反垄断领域，应用新经验产业组织方法为反垄断案件提供证据的时候，一定要先明确界定市场，然后才能进一步对市场需求、厂商成本以及其他厂商行为进行研究，而统计部门所划分的市场界限与经济分析中的相关市场界限存在明显的差异，这一点在反垄断领域应该引起充分的重视。另外，新经验产业组织的各种方法，都需要根据市场具体情况加以选用，不同方法所得出的结果可能大相径庭，这就使得在应用新经验产业组织方法时，必须对相关行业的实际情况有着充分的了解，对症下药，才能达到研究所期望的效果。

---

① Martin K. Perry, "Oligopoly and Consistent Conjectural Variations," *The Bell Journal of Economics*, 1982, Vol. 13, No.1, Spring.

② Sutton John, *Sunk Costs and Market Structure*, Cambridge, Mass: MIT Press, 1991; Sutton John, *Technology and Market Structure: Theory and History*, Cambridge and London: MIT Press, 1998.

参考文献

〔美〕阿道夫·A. 伯利、加德纳·C. 米恩斯：《现代公司与私有财产》，甘华鸣、罗锐韧、蔡如海译，商务印书馆，2005。

〔日〕都留重人：《日本的资本主义——以战败为契机的战后经济发展》，复旦大学日本研究中心译，复旦大学出版社，1995。

辜海笑：《美国反托拉斯理论与政策》，中国经济出版社，2005。

胡国成：《塑造美国现代经济制度之路》，中国经济出版社，1995。

李建标、李晓义：《产业组织理论的实验研究范式》，《产业经济评论》2007年第1期。

〔日〕铃木满：《日本反垄断法解说》，武晋伟、王玉辉译，河南大学出版社，2004。

〔英〕乔安·罗宾逊：《不完全竞争经济学》，陈良璧译，商务印书馆，1961。

骆品亮：《产业组织学》，复旦大学出版社，2006。

〔美〕乔治·J. 施蒂格勒：《产业组织》，王永钦、薛锋译，上海三联书店、上海人民出版社，2006。

〔美〕J.卡布尔主编《产业经济学前沿问题》，于立、张嫚、王小兰译，中国税务出版社，2000。

〔美〕斯蒂芬·马丁：《高级产业经济学》，史东辉等译，上海财经大学出版社，2003。

〔法〕泰勒尔：《产业组织理论》，马捷、吴有昌等译，中国人民大学出版社，1997。

〔美〕托马斯·库恩：《科学革命的结构》，金吾伦、胡新和译，北京大学出版社，2003。

王皓：《产品差异化、价格战与合谋集团的变迁》，中国财政经济出版社，2007。

〔美〕张伯仑：《垄断竞争理论》，郭家麟译，生活·读书·新知三联书店，1958。

Aigner D., Chu S., "On Estimating the Industry Production Function," *American Economics Review*, 1968, 58.

Anderson Simon P., de Palma Andre, Thisse Jacques-Francois, *Discrete Choice Theory of Product Differentiation*, Cambridge, Mass: MIT Press, 1992.

Applebaum Elie, "Testing Price-Taking Behavior," *Journal of Econometrics*, 1979, 9.

Applebaum Elie, "The Estimation of the Degree of Oligopoly Power," *Journal of Econometrics*, 1982, 19.

Ashenfelter Orley, Sullivan Daniel, "Nonparametric Tests of Market Structure: An Application to the Cigarette Industry," *The Journal of Industrial Economics*, 1987, 35.

Bain Joe S., *Barriers to New Competition*, Cambridge, Mass: Harvard University Press, 1956.

Bain Joe S., *Industrial Organization*, New York: Wiley, 1959.

Baker Jonathan B., Bresnahan Timothy F., "Estimating the Elasticity of Demand Facing a Single Firm," *International Journal of Industrial Organization*, 1988, 6.

Bowley A. L., *The Mathematical Groundwork of Economics*, Oxford University Press, Oxford, 1924.

Bradburd Ralph M., Over Mead A. Jr., "Organizational Costs, 'Sticky Equilibria', and Critical Levels of Concentration," *Review of Economics and Statistics*, 1982, 64.

Bresnahan Timothy F., "Competition and Collusion in the American Automobile Oligopoly: The 1955 Price War," *Journal of Industrial Economics*, 1987, 35.

Bresnahan Timothy F., "Departures from Marginal-Cost Pricing in the American Automobile Industry," *Journal of Econometrics*, 1981, 17.

Bresnahan Timothy F., "Empirical Studies of Industries with Market Power," In Schmalensee Richard, Willig Robert D., eds., *The Handbook of Industrial Organization*, Amsterdam: North-Holland, 1989.

Bresnahan Timothy F., "The Oligopoly Solution Concept is Identified," *Economics Letters*, 1982, 10.

Bresnahan Timothy F., *Three Essays on the American Automobile Oligopoly*, Princeton University, Doctoral Dissertation, 1980.

Brozen Yale, "Bain's Concentration and Rates of Return Revisited," *Journal of Law and Economics*, 1971, 14.

Charles Figuieres, Alain Jean-Marie, Nicolas Querou, Mabel Tidball, "The Theory of Conjectural Variations", World Scientific, 2003.

Collins Norman R., Peterson Lee E., "Price-Cost Margins and Industry Structure," *The Review of Economics and Statistics*, 1969, 51.

Comanor William S., Wilson Thomas A., "Advertising, Market Structure, and Performance," *The Review of Economics and Statistics*, 1967, 51.

Connolly Robert A., Stephen Schwartz, "The Intertemporal Behavior of Economic Profits," *International Journal of Industrial Organization*, 1985, 3.

Corts Kenneth S., "Conduct Parameters and the Measurement of Market

Power," *Journal of Econometrics*, 1999, Vol. 88.

Deaton P., Muellbauer J., "An Almost Ideal Demand System," *American Economics Review*, 1980, 70.

Demsetz Harold, "Industry Structure, Market Rivalry, and Public Policy," *Journal of Law and Economics*, 1973, 16.

Dixon H., Somma E., "The Evolution of Consistent Conjectures," *Journal of Economic Behavior & Organization*, 2003, Vol.51.

Domowitz Ian, Hubbard Glenn R., Peterson Bruce C., "Business Cycles and the Relationship Between Concentration and Price-Cost Margins," *The Rand Journal of Economics*, 1986, 17.

Domowitz Ian, Hubbard Glenn R., Peterson Bruce C., "Market Structure and Cyclical Fluctuations in U. S. Manufacturing," *Review of Economics and Statistics*, 1988, 70.

Driskill R. A., McCafferty S., "Dynamic Duopoly with Adjustment Costs: A Differential Game Approach," *Journal of Economic Theory*, 1989, Vol. 49.

Ellis W. Hawly, Herbert Hoover, "The Commerce Secretariat and the Vision of an Associative State, 1921-1928," *Journal of American History*, 1974, Vol. 61.

Elzinger K., Hogarty T., "The Problem of Geographic Market Delineation in Antimerger Suits," *Antitrust Bulletin*, 1973, 18.

Elzinger K., Hogarty T., "The Problem of Geographic Market Delineation Revisited: The Case of Coal," *Antitrust Bulletin*, 1978, 23.

Encoau David, Paul A. Geroski, "Price Dynamics and Competition in Five Countries," University of Southampton Working Paper No. 8414, 1984.

Engelbert J. Dockner, "A Dynamic Theory of Conjectural Variations," *The Journal of Industrial Economics*, 1992, Vol. 40.

Farrell J., "The Measurement of Productive Efficiency," *Journal of the*

Royal Statistical Society, 1957, 120（3）.

Fellner W., *Competition among the Few*, New York: Knopf, 1949.

Fershtman C., Kamien M. I., "Conjectural Equilibrium and Strategies Spaces in Differential Games," *Opt. Control Theory and Economic Analysis*, 1985, Vol. 2.

Figuieres C., "Complementarity, Substitutability and the Strategic Accumulation of Capital," *International Game Theory Review*, 2002, Vol. 4.

Fisher Franklin M., McGowan John J., "On the Misuse of Accounting Rates of Return to Infer Monopoly Profits," *American Economic Review*, 1983, 70.

Anderson F. J., "Market Performance and Conjectural Variations," *Southern Economic Journal*, 1977, Vol. 44.

Freeman Richard B., "Unionism, Price-Cost Margins and the Return on Capital," National Bureau of Economic Research: Working Paper No. 1164, 1983.

Friedman J. W., Mezzetti C., "Bounded Rationality, Dynamic Oligopoly, and Conjectural Variations," *Journal of Economic Behavior and Organization*, 2002, Vol. 49.

Friedman J. W., "Reaction Function and the Theory of Duopoly," *Review of Economic Studies*, 1968.

Frisch R., "Monople, Polypole-Lanotion de Force Economie," National Konomisk Tidsskrift, 1933, Vol. 71, Reprinted "Monopoly, Polypoly: The Concept of Force in the Economy," in International Economic Papers, Vol.1, 1951.

Gasmi, F., Laffont J. J., Sharkey W. W., "The Natural Monopoly Test Reconsidered: An Engineering Process-Based Approach to Empirical Analysis in Telecommunications," *International Journal of Industrial Organization*, 2002, 20（4）.

Gelfand Matthew D., Spoller Palbo T., "Entry Barriers and Multiproduct Oligopolies： Do They Forebear or Spoil," *International Journal of Industrial Organization*, 1987, 5.

Geroski Paul A., "Specification and Testing the Profits−Concentration Relationship： Some Experiments for the United Kingdom," *Economica*, 1981, 48.

Gordon F. Mulligan, Timothy J. Fik, "Asymmetrical Price Conjectural Variation in Spatial Competition Models," *Economic Geography*, 1989, Vol. 65, No. 1.

Hall Robert E., "The Relationship Between Price and Marginal Costs in U.S. Industry," *Journal of Political Economy*, 1988, 96.

Hart Peter E., Morgan Eleanor, "Market Structure and Economic Performance in the United Kingdom," *Journal of Industrial Economics*, 1977, 25.

Hausman Jerry A., Leonard Gregory K., Zona Douglas J., "Competitive Analysis with Differentiated Products," *Annales d' économie et de Statistique*, 1994, 34.

Hausman Jerry A., Leonard Gregory K., "The Competitive of a New Product Introduction： A Case Study," *Journal of Industrial Economics*, 2004, 50.

Hausman Jerry, "Valuation of New Goods Under Perfect and Imperfect Competition," In Bresnahan T., Gordon R., eds., *The Economics of New Goods*, Chicago： University of Chicago Press, National Bureau of Economic Research： Studies in Income and Wealth, 1997, 58.

Herbert Hovenkamp, *Federal Antitrust Policy： The Law of Competition and Its Practice*, West Publishing Co., 1994.

Hotelling H., "Stability in Competition," *Economic Journal*, 1929, 39.

Hyde Charles E., Perloff Jeffrey M., "Can Monopsony Power be

Estimated?" *American Journal of Agricultural Economics*, 1994, 76.

Itaya J. I., Dasgupta D., "Dynamics, Consistent Conjectures, and Heterogeneous Agents in the Provision of Public Goods," *Public Finance*, 1995, Vol. 81.

Itaya J. I., Okamura M., "Conjectural Variations and Voluntary Public Good Provision in a Repeated Game Setting," *Journal of Public Economic Theory*, 2003, Vol. 5 (1).

Itaya J. I., Shimomura K., "A Dynamic Conjectural Variations Model in the Private Provision of Public Goods: a Differential Game Approach," *Journal of Public Economics*, 2001, Vol. 81.

Iwata Gyoichi, "Measurement of Conjectural Variations in Oligopoly," *Econometrica*, 1974, 42.

Jean Magnane Bornier J., "The 'Cournot-Bertrand Debate': A Historical Perspective, History of Political Economy," 1992, Vol.24, No.3.

Jean-Marie A., Tidball M., "Adapting Behaviors through a Learning Process," LAMETA Working Paper DT 2002-10, University of Montpellier, 2002.

John C. Panzar, Ross James N., "Testing For 'Monopoly' Equilibrium," *The Journal of Industrial Economics*, 1987, 35.

Just Richard E., Chern Wen S., "Tomatoes, Technology, and Oligopsony," *Bell Journal of Economics and Management Science*, 1980, 11.

Kwoka John E. Jr., David Ravenscraft, "Cooperation vs. Rivalry: Price-Cost Margins by Line of Business," *Economica*, 1986, 53.

Laitner J., "Rational Duopoly Equilibria," *The Quarterly Journal of Economics*, 1980.

Lau Lawrence J., "On Identifying the Degree of Competitiveness from Industry Price and Output Data," *Economic Letters*, 1982, 10.

Levinsohn J., Petrin A., "Estimating Production Functions Using Inputs to Control for Unobservables," *Review of Economic Studies*, 2003, 70.

Liebowitz Stanley J., "What Do Census Price-Cost Margins Measure?" *Journal of Law and Economics*, 1982, 25.

Luis M. B. Cabral, "Conjectural Variations as a Reduced Form, " *Economics Letters*, 1995, 49.

Lustagarten Steven H., Thomadakis Stavros B., "Valuation Response to New Information: A Test of Resource Mobility and Market Structure, " *Journal of Political Economy*, 1980, 88.

Mann Michael, "Seller Concentration, Barriers to Entry, and Rates of Return in Thirty Industries, 1950-1960, " *The Review of Economics and Statistics*, 1966, 48.

Martin K. Perry, "Oligopoly and Consistent Conjectural Variations, " *The Bell Journal of Economics*, 1982, Vol. 13, No.1, Spring.

Morton I. Kamien, Nancy L. Schwartz, "Conjectural Variations, " The Canadian Journal of Economics, Vol. 16, No. 2, 1983.

Mueller Dennis C., *Profits in the Long Run*, Cambridge, UK: Cambridge University Press, 1985.

Müller W., Normann H. T., "Conjectural Variations and Evolutionary Stability: a new Rationale for Consistency," Manuscript, 2002.

Nicola Giocoli, " 'Conjecturizing' Cournot: The Conjectural Variations Approach to Duopoly Theory," *History of Political Economy*, 2003, 35（2）.

Nicola Giocoli, "The Escape from Conjectural Variations: The Consistency Condition in Duopoly Theory from Bowley to Fellner," *Cambridge Journal of Economics*, 2005, 29.

Nobuhiro Suzuki, Harry M. Kaiser, "New Empirical Industrial Organization Theories and Their Application to Food System Analyses, " In Kaiser Harry M., Suzuki Nobuhiro, eds., *New Empirical Industrial Organization and the Food System*, 2006.

Ofcom, "Wholesale Call Termination Statement," http: //www. ofcom. org.uk/consult/condocs/mobile_call_term/statement/statement.pdf, March 2007.

Olley S.,Pakes A.," The Dynamics of Productivity in the Telecommunications Equipment Industry," Econometrica, 1996, 64.

Perloff Jeffrey M., Ward Michael B., "A Flexible, Nonparametric Approach to Estimating Market Power," Working Paper, 1988.

Perloff Jeffrey M., Salop Steven C., "Equilibrium with Product Differentiation," *Review of Economic Studies*, 1985, 52.

Perloff Jeffrey M., Larry Karp S., Golan Amos, *Estimating Market Power and Strategies*, Cambridge University Press, 2007.

Davis Peter, Garcés Eliana, *Quantitative Techniques for Competition and Antitrust Analysis*, Princeton University Press, 2009.

Pryor Friedrich L., "An International Comparison of Concentration Rations," *Review of Economics and Statistics*, 1972, 54.

Roeger Werner, "Can Imperfect Competition Explain the Difference between Primal and Dual Productivity Measures? Estimates for U. S. Manufacturing," *Journal of Political Economy*, 1995, 103.

Rosse James N., Panzar John C., "Chamberlin versus Robinson: An Empirical Test for Monopoly Rents, Studies in Industrial Economics, " Research Paper No. 77, Stanford University, 1977.

Ruback Richard S., Zimmerman Martin B., "Unionization and Profitability: Evidence from the Capital Market, " *Journal of Political Economy*, 1984, 92.

Salinger Michael A., "Tobin's q, Unionization and the Concentration-Profits Relationship," *The Rand Journal of Economics*, 1984, 15.

Salop S., "Monopolistic Competition with Outside Goods," *Bell Journal of Economics*, 1979, 10.

Scherer F. M., *Industrial Market Structure and Economics Performance*,

Chicago: Rand McNally, 1968.

Schmalensee Richard, "Inter-Industry Studies of Structure and Performance," In Richard Schmalensee, Robert Willig, eds., Handbook of Industrial Organization, New York: North Holland, 1989.

Shapiro Matthew, "Measuring Market Power in U.S. Industry," National Bureau of Economic Research: Working Paper No. 2212, 1987.

Shen Edward Z., Perloff Jeffrey M., "Maximum Entropy and Bayesian Approaches to the Ratio Problem," *Journal of Econometrics*, 2001, 104.

Slade Margaret, "Interfirm Rivalry in a Repeated Game: An Empirical Test of Tacit Collusion," *Journal of Industrial Economics*, 1987, 35.

Spiller Pablo T., Ewardo Favaro, "The Effects of Entry Regulation or Oligopolistic Interaction: The Uruguayan Banking Sector," *The Rand Journal of Economics*, 1984, 15.

Sraffa P., "The Law of Return under Competitive Conditions," *Economic Journal*, 1926, 36.

Stigler George J., *Capital and Rates of Return in Manufacturing Industries*, Princeton: Princeton University Press, 1963.

Sullivan Daniel, "Testing Hypotheses About Firm Behavior in the Cigarette Industry," *Journal of Political Economy*, 1985, 93.

Summer Daniel A., "Measurement of Monopoly Behavior: An Application to the Cigarette Industry," *Journal of Political Economy*, 1981, 89.

Suslow Valerie, "Estimating Monopoly Behavior with Competitive Recycling: An Application to Alcoa," *The Rand Journal of Economics*, 1986, 17.

Sutton John, "Endogenous Sunk Costs and the Structure of Advertising Intensive Industries," *European Economic Review*, 1989, 33.

Sutton John, *Sunk Costs and Market Structure*, Cambridge, Mass:

MIT Press, 1991.

Sutton John, *Technology and Market Structure: Theory and History*, Cambridge and London: MIT Press, 1998.

Tobin James, "A General Equilibrium Approach to Monetary Theory," *Journal of Money, Credit, and Banking*, 1969, 1.

Viner J., "Cost Cures and Supply Curves," in Zeitschrift für nationalökonomie3, Reprinted in Stigler and Boulding, Readings in Price Theory, Chicago, IL: Irwin, 1950.

Weiher Jesse C., Sickles Robin C., Perloff Jeffery M., "Market Power in the US Airline Industry," In Slottje Daniel J., ed., *Measuring Market Power*, Contribution: The New Learning, Boston: Little Brown, 2002.

Weiss Leonard W., "The Concentration−Profits Relationship and Antitrust," In Goldschmid Harvey J., Michael Mann H., Fred Weston J., eds., *Industrial Concentration: The New Learning*, Boston: Little Brown, 1974.

Wildasin D. E., "Some Rudimentary 'Duopolity Theory'," *Regional Science and Urban Economics*, 1991, Vol. 21.

Zellner Arnold, "Estimator of Functions of Population Means and Regression Coefficients Including Structural Coefficients: A Minimum Expected Loss Approach," *Journal of Econometrics*, 1978, 8.

图书在版编目（CIP）数据

新经验产业组织方法研究：基于数字模拟 / 邱中虎
著 .-- 北京：社会科学文献出版社，2024.11.
ISBN 978-7-5228-4444-2

Ⅰ .F260

中国国家版本馆 CIP 数据核字第 202496LV77 号

新经验产业组织方法研究：基于数字模拟

著　　者 / 邱中虎

出 版 人 / 冀祥德
责任编辑 / 吴　敏
责任印制 / 王京美

出　　版 / 社会科学文献出版社（010）59367127
　　　　　　地址：北京市北三环中路甲29号院华龙大厦　邮编：100029
　　　　　　网址：www.ssap.com.cn
发　　行 / 社会科学文献出版社（010）59367028
印　　装 / 三河市东方印刷有限公司

规　　格 / 开 本：787mm×1092mm　1/16
　　　　　　印 张：12　字 数：140千字
版　　次 / 2024年11月第1版　2024年11月第1次印刷
书　　号 / ISBN 978-7-5228-4444-2
定　　价 / 89.00元